Zu diesem Buch

«Der Vergleich mit Kishon drängt sich auf; unbestreitbar verfügt der dänische Autor über Witz und eine gehörige Portion Selbstironie. Ein Gute-Laune-Bringer ist dieses Buch, ein Sorgen-Killer. Seine Lektüre hat großes Vergnügen bereitet.» («Fuldaer Zeitung»)

Finn Soeborg, geboren am 13. April 1916 in Kopenhagen, studierte zunächst Staatswissenschaften und trat dann als Beamter in ein Ministerium ein. Hier nahm man von seiner Anwesenheit erst lebhafter Kenntnis, als er über Nacht durch den heiteren Roman «Und sowas lebt!» (rororo Nr. 5373) über die Bürokratie und den Leerlauf der öffentlichen Ämter berühmt wurde – und kündigte. Sein Buch wurde schmunzelnd gelesen und erlebte in kurzer Zeit Auflagen, wie sie im allgemeinen nur Bücher über Abmagerungskuren erreichen. Finn Soeborg ist berühmt wie sein Landsmann und heiterer Bruder im Geiste Willy Breinholst («Handbuch für Väter», rororo Nr. 1854 und «Küsse deine Frau», rororo Nr. 5052).

Finn Soeborg

Mein Gott, Alfred!

Humorvolle Geschichten von Menschen und Tieren wie du und ich

Einzig berechtigte Übersetzung
aus dem Dänischen von Manfred Bartz

rororo
Rowohlt

Die dänische Originalausgabe
erschien 1966 unter dem Titel
«Alfred – og andre historier»
Umschlagillustration Gabriel Herschdörfer
Umschlagtypographie Walter Hellmann

Veröffentlicht im Rowohlt Taschenbuch Verlag GmbH,
Reinbek bei Hamburg, Februar 1989

Gesamtherstellung Clausen & Bosse, Leck
Printed in Germany
780-ISBN 3 499 12308 8

Der Geburtstag

Frau Schmidt liebte es, für andere dazusein.

«Ich kann nicht leben, ohne für andere dazusein», betonte sie immer.

Den anderen ging es allerdings am besten, wenn sie nicht für sie da war. Aber davon hatte sie keine Ahnung.

Sie hatte gerade eine Sauregurkenzeit hinter sich, in der sie nicht für jemand anders dasein konnte, außer für einen kranken Nachbarn. Für den hatte sie so viel getan, daß er schließlich sein Haus verkaufte und in eine andere Stadt zog. Deshalb war Frau Schmidt sehr entzückt, als sie sich erinnerte, daß Oma Madsen bald hundert Jahre alt werden würde.

«Ich denke, ich werde etwas für Oma Madsen zu ihrem Geburtstag auf die Beine stellen», sagte sie zu ihrem Mann. «Es wird sie sicher erfreuen, wenn ihr die gesamte Familie gratuliert.»

«Wer weiß», sagte ihr Mann, der einen Teil der Familie kannte.

«Sie wird glücklich sein», behauptete Frau Schmidt.

Wenn Frau Schmidt eine Idee hatte, setzte sie diese

auch sofort in die Tat um. Schon am selben Abend rief sie die ganze Familie an und weihte alle in ihren Plan ein. Alle miteinander sollten sie die alte Oma Madsen am Nachmittag ihres Geburtstages besuchen. Frau Schmidt wollte für Wein und Kranzkuchen sorgen, und alle sollten ihr gemeinsam etwas Schönes schenken. An ein Radio hatte Frau Schmidt gedacht.

«So eine alte Dame wird sicher von einem wirklich guten Radio entzückt sein», sagte sie. «Und Egon hat ja ein Radiogeschäft. Er kann uns eins billig besorgen.»

Die meisten der Familienmitglieder waren gern mit von der Partie.

«Hauptsache, du organisierst das alles», sagten sie.

«Selbstverständlich mache ich das», sagte Frau Schmidt. «Ich liebe es, für andere dazusein.»

Das war allen zur Genüge bekannt.

Am folgenden Tag setzte Frau Schmidt ihre Vorbereitungen fort. Oma Madsen hatte eine große Familie. Es gab Kinder, Enkel, Urenkel und sogar ein Ururenkelkind, das noch nicht einmal ein Jahr alt war, aber auf dessen Dabeisein Frau Schmidt sehr großen Wert legte.

«Wird das nicht wahnsinnig prima, wenn alle Generationen repräsentiert sind?» sagte sie.

Die Mutter des Ururenkels sah ein, daß es wahnsinnig prima wäre, und versprach, das Kind mitzubringen.

Frau Schmidt ging auch zu Egon, ihrem Vetter, um ein Radio auszusuchen. Egon zeigte ihr eines seiner neuesten Modelle, einen Apparat mit allen denkbaren technischen Finessen.

«Ihr kriegt den selbstverständlich zu meinem Einkaufspreis», sagte er und freute sich, daß niemand seinen Einkaufspreis kannte. «Und ich bringe ihn selbst mit und stelle ihn gratis auf.»

Frau Schmidt sagte, daß dies sehr nett von ihm wäre.

Die einzige, die noch nichts von den großen Plänen wußte, war der Mittelpunkt des Festes, die Witwe Madsen. Eines Nachmittags ging Frau Schmidt zu ihr, um ihr die frohe Botschaft zu überbringen. Olga, Frau Madsens uralte Haushälterin, war sehr überrascht, als sie sie sah.

«Man hat Sie ja so lange nicht mehr gesehen», rief sie aus.

«Ja, man hat ja so viel um die Ohren», sagte Frau Schmidt, ohne näher zu erklären, was sie um die Ohren hatte.

Frau Madsen duselte in ihrem Stuhl sitzend, als Frau Schmidt hereinkam. Sie blinzelte etwas mit den Augen und sah verwirrt aus.

«Guten Tag, Oma.» Frau Schmidt reichte ihr die Hand. «Erkennst du mich? Ich bin Edith.»

«Wer?» Frau Madsen hielt die Hand hinters Ohr und mümmelte.

«Edith», schrie Frau Schmidt, «Carls Tochter.»

«Ach so.» Frau Madsen nickte. «Wie geht es Carl?»

«Der ist doch schon lange tot. Kannst du dich nicht daran erinnern?»

«Nee.» Frau Madsen konnte sich nicht erinnern, davon schon jemals gehört zu haben, aber die Neuigkeit machte auf sie keinen besonderen Eindruck. Sie war so daran gewöhnt, daß der eine oder der andere starb, daß sie es aufgegeben hatte, dem irgendeine Bedeutung beizumessen.

Frau Schmidt wartete etwas, bevor sie mit ihrer Überraschung herausrückte. Es schwebte ihr vor, daß alte Menschen vor Freude der Schlag treffen könne. Doch dies geschah nicht. Im Gegenteil, Oma war nicht sehr begeistert.

«So viele Leute», sagte sie bekümmert. «Ich bin so müde. Und ich wäre lieber mit dem Minister alleine, wenn er kommt.»

«Minister?» Frau Schmidt sah sie ratlos an. «Was für ein Minister?»

«Na, der mit dem Kaffee! Der Minister kommt immer mit einem Pfund Kaffee zu denen, die hundert werden.»

«Das glaube ich nicht», sagte Frau Schmidt. «Das war vielleicht mal während des Krieges so. Aber heute gibt es das nicht mehr.»

«Na doch! Ich weiß Bescheid.» Frau Madsen stippte einen Keks in den Kaffee.

«Nun hör mal, Oma!» Frau Schmidt war immer irritiert, wenn die Leute nicht dankbar genug für das waren, was sie alles für sie tat. «Wir dachten, wir überreichen dir ein Geburtstagsgeschenk. Hast du einen bestimmten Wunsch?»

«Nee, ich glaube nicht.» Frau Madsen dachte nach. «Ja, ich brauche dringend ein Paar neue Latschen.»

«Also ein neues Radio?» Frau Schmidt überhörte die Pantoffeln.

«Ich habe ja ein Radio», sagte Frau Madsen.

«Ja, aber das ist alt und schlecht. Du kriegst ein neues, schönes.»

«Ich will lieber ein Paar Latschen», sagte Frau Madsen.

Frau Madsens Widerwille gegen eine Geburtstagsfeier konnte Frau Schmidts festen Willen, den Geburtstag zu feiern, nicht ins Wanken bringen. Selbstverständlich wurde gefeiert, und selbstverständlich gab es ein Radio. Eine so alte Dame weiß ja sowieso nicht, was sie will. Sie setzte ihre Vorbereitungen also eifrig fort, und als der große Tag kam, war alles in Ordnung. Sie hatte auch noch eine extra Überraschung für Oma.

«Weißt du was, Oma», sagte sie mit entzückter Stimme, als sie etwas vor der übrigen Gesellschaft eintraf. «Ich habe arrangiert, daß ein Mann von der Zeitung kommt, um dich zu interviewen.»

«Ein Mann von der Zeitung?» Frau Madsen sah verwirrt aus. «Habe ich nicht bezahlt?»

«Doch, Oma! Er will mit dir sprechen, weil du hundert wirst.»

«Ich bezahle keinesfalls doppelt», sagte Frau Madsen.

Frau Schmidt mochte Oma immer weniger.

Gegen vier Uhr nachmittags trafen die ersten Gäste ein, und bald war Frau Madsens Zimmer mit einer lauten Versammlung von Verwandten aller Altersklassen gefüllt. Die Haushälterin bot Wein und Kranzkuchen an. Sie hatte zur Feier des Tages ein Häubchen auf, das bewirkte, daß sie vollkommen töricht aussah. Frau Schmidt hielt eine kleine Ansprache an die Hundertjährige, was ihr viermal die Gelegenheit gab zu erwähnen, wer die Initiative zu diesem Fest ergriffen hatte. Dann riefen alle: «Hurra» und sangen «Hoch soll sie leben.» Frau Madsen saß da und sah verzweifelt aus.

Und dann kam der festliche Augenblick. Egon schleppte das Geschenk der Familie, das neue Radio, ins Zimmer. Als es aus dem Karton gehoben wurde, brachen außer Frau Madsen alle in Begeisterung aus. Es sah wirklich imponierend aus, mit mehreren Skalen und einer ganzen Reihe von Knöpfen, deren Bedeutung Frau Madsen nie herausfinden würde.

Mit überlegener Miene entfernte Egon Frau Madsens altes Radio, das bis dato ihre Freude gewesen war.

«Ich nehme es mit ins Geschäft und verkaufe es für dich», sagte er. «Da springen noch ein paar Piepen für dich dabei raus.»

«Danke.» Frau Madsen, die die Vorstellung gehabt hatte, weiterhin gemütlich ihr altes Radio zu hören, verstand die Sache so, daß sie nun zum letzten Mal in ihrem Leben Radio gehört hatte.

Es erwies sich als unmöglich, das Radio auf dem Tisch zu installieren, auf dem das alte gestanden hatte. Der war zu klein. Mit harter Hand entfernte Egon eine Porzellanhundsammlung von der Kommode und stellte das Radio dorthin.

«Na, jetzt paß mal auf!» sagte er, als er es angeschlossen hatte. «Wenn du zum Beispiel Amerika hören willst, dann drückst du auf diesen Knopf hier und drehst die Skala bis hier. Das hier ist die Volume Control, und das hier ist die Klangfarbenregelung für die hohen Töne und das hier für die tiefen.»

Frau Madsen, die auf gar keinen Fall Amerika hören wollte, sah unglücklich aus.

«Das ist ein wunderbares Radio», sagte Egon, dem schien, daß die alte Dame nicht begeistert genug war. «Es hat Pushpull, variable Selektivität und automatischen Schwundausgleich.»

Diese Angaben machten Frau Madsen geradezu angst. Sie rutschte nervös auf dem Stuhl hin und her, um von dem unheimlichen Ding so weit wie möglich wegzukommen.

«Oma ist ganz überwältigt», flüsterte Frau Schmidt den Nächststehenden zu. «Ich glaube, sie ist entzückt.»

Das glaubten die anderen auch.

In die Demonstration platzten ein Journalist und ein Pressefotograf. Frau Schmidt gelang es, Oma in einen friedlichen Winkel im anderen Zimmer zu bugsieren. Sie fühlte, daß es ihre Pflicht war, beim Interview behilflich zu sein.

«Hast du den Kaffee mit?» fragte Frau Madsen, als der Journalist ihr Glück wünschte.

«Kaffee?» Er sah sie verwirrt an.

«Das ist nicht der Minister, Oma», sagte Frau Schmidt, «der Herr ist von der Zeitung.»

«Ich habe schon bezahlt, junger Mann», sagte Frau Madsen.

«Mit Ihrer Erlaubnis möchten wir Ihnen anläßlich des großen Tages einige Fragen stellen», sagte der Journalist.

«Ja, aber zweimal bezahle ich nicht.» Frau Madsen schüttelte den Kopf.

«Sie müssen lauter sprechen», sagte Frau Schmidt, der die Situation peinlich war. «Oma hört nicht mehr so gut.»

«Sie haben sich eine in Anbetracht Ihres Alters verblüffende Vitalität bewahrt!» schrie der Journalist, der wußte, wie Hundertjährige zu sein pflegten.

«Ja, ja.» Frau Madsen nickte. Sie wußte nicht, wovon die Rede war.

«Das hat in der letzten Zeit etwas abgenommen», erklärte Frau Schmidt, «es hapert bei Oma mit der Bewegung.»

«Das ist klar, aber sonst ist sie wohl gesund und rüstig. Das können wir wohl schreiben. Und ich gehe davon aus, daß sie immer noch gut hören und sehen kann.»

«Oma ist jetzt leider ein bißchen taub, und sie sieht auch nicht mehr so gut.» Frau Schmidt zog die Wörter etwas in die Länge.

«Aber in Anbetracht ihres Alters», sagte der Journalist, «können wir bestimmt schreiben, daß sie sich ihre Sinne in verblüffender Weise bewahrt hat.»

«Wovon redet ihr?» Frau Madsen fühlte, daß ihr das Gespräch entglitten war.

«Wir reden von Ihnen», rief der Journalist. «Sie können sich sicher an vieles erinnern... wenn man so lange gelebt hat.»

«Ja, ich erinnere mich genau», sagte Frau Madsen. «Ich weiß genau, ich habe schon bezahlt.»

«Können Sie sich zum Beispiel an den Ersten Weltkrieg erinnern?» Nach einigem Nachrechnen, wie alt Frau Madsen damals gewesen sein mußte, war der Journalist auf diese Frage gekommen.

«Der Krieg?» Frau Madsen dachte scharf nach. «Ja, an den kann ich mich gut erinnern. Da waren viele Deutsche. Die sangen beim Marschieren, und dann war Fliegeralarm, und wir mußten in den Keller. Und dann starb Kaiser Wilhelm, und die Engländer kamen...»

«Das war nicht *der* Krieg, Oma», sagte Frau Schmidt irritiert.

Der Journalist meinte, das spiele keine Rolle.

Zum Schluß wollte er nur wissen, was die alte Dame selber als Ursache dafür sah, daß sie so alt geworden war.

«Ihre Großmutter ist wohl nicht Antialkoholikerin oder Nichtraucherin oder Sportlerin gewesen oder was anderes, das man schreiben kann?» fragte er zu Frau Schmidt gewandt.

«Nee, soviel ich weiß, hat Oma bis vor ein paar Jahren noch geraucht.»

«Na, dann hat sie eben der Tabak jung erhalten», meinte der Journalist.

Und dann sollten auch ein paar Fotos gemacht werden. Das Geburtstagskind mußte eine Zeitung in der Hand halten, um zu zeigen, daß es noch ohne Brille lesen konnte. Der Fotograf wollte schon abdrücken, als er entdeckte, daß Oma die Zeitung verkehrt herum hielt, und den Fehler eiligst berichtigte.

«So», sagte er, «genau so, als ob Sie das Blatt läsen.»

Frau Madsen zuckte, als das Blitzlicht blitzte. Sie ließ die Zeitung fallen und sank im Stuhl zusammen. Einen Augenblick glaubte man, daß der Schock sie getötet hätte, aber mit vereinten Anstrengungen glückte es, sie wieder ins Leben zu rufen.

Der Fotograf bestand darauf, noch ein Bild zu machen, und zu seiner großen Überraschung überlebte sie auch diesen Schock.

«Das hätte ich nicht erwartet», vertraute er dem Journalisten an, als sie beide draußen auf der Treppe waren.

Die alte Frau Madsen wurde wieder in das andere Zimmer zu der übrigen Gesellschaft geschleppt, wo sie nervös fragte, ob der Minister schon dagewesen sei. Er war nicht dagewesen.

Die Gäste hatten sich während ihrer Abwesenheit in laut schwatzende Gruppen verteilt. Die meisten hatten sich lange nicht mehr gesehen. Frau Schmidt flitzte zwischen ihnen herum, sprach ein wenig mit allen und fand heraus, wie wer mit wem verwandt war, was die Leute aber nicht besonders interessierte. Eine Gruppe Jüngerer war damit beschäftigt, die vielen Möglichkeiten des neuen Wunderradios auszuprobieren, und der Lärm übertönte fast das Geheul des Ururenkelkindes, das sich nicht besonders wohl fühlte. Es war wirklich ein Vorteil für Frau Madsen, daß sie nicht mehr so gut hörte. Sie saß ganz allein für sich da, sah unglücklich aus und wartete nur darauf, daß der Minister mit dem Kaffee käme. Die Gesellschaft hatte ihre Existenz völlig vergessen. Nur Frau Schmidt ging zuweilen zu ihr und fragte, ob es nicht schön sei, daß alle gekommen wären, sie zu feiern, und Frau Madsen bejahte dies und sah noch viel unglücklicher aus.

Endlich brachen die Gäste auf. Frau Madsen kam es vor, als wären sie Tage bei ihr gewesen. Einer nach dem anderen kam zu ihr und sagte «Auf Wiedersehen», und vier von fünf sagten, daß sie zu ihrem 200. Geburtstag wiederkämen, eine Bemerkung, über die sie selbst sehr lachten. Als Egon sich verabschiedete, bat Frau Madsen ihn inständig, das Radio auszuschalten. Sie hatte keine Ahnung, wie man das machte, und sah mit Angst voraus, daß ihr Zimmer bis zu ihrem Tod mit Lärm erfüllt sein würde.

Frau Schmidt ging als letzte.

«Na, war das ein schöner Tag, Oma?» fragte sie.

Frau Madsen nickte.

«Ich verstehe nicht, warum der Minister –», begann sie.

«Jetzt hör endlich auf, von diesem Minister zu reden», sagte Frau Schmidt verärgert. Allmählich haßte sie diesen blöden Minister.

In der Redaktion legte der Journalist letzte Hand an das Interview mit der Hundertjährigen.

«Frau Madsen ist geistig frisch wie eine Fünfzigjährige», schrieb er. «Sie kann ihre Zeitung ohne Brille lesen und meint, daß der Tabak sie jung erhalten hat.»

«Ich glaube wirklich, ich habe Oma mit dem Arrangieren des Festes eine Freude bereitet», sagte Frau Schmidt am Abend zu ihrem Mann.

«Na ja, das ist ja prima. Schade, daß ich nicht kommen konnte», sagte er und wich ihrem Blick aus.

«Es ist immer ein schönes Gefühl, andere zu erfreuen», fuhr Frau Schmidt fort. «Und so gesehen, habe ich für Oma vorher ja nie viel getan.»

«Nee, eigentlich nicht», sagte ihr Mann.

Die Haushälterin Olga half Frau Madsen ins Bett.

«Das war alles viel zu anstrengend für Sie», sagte sie. «Jetzt schlafen Sie nur!»

«Sind Sie sicher, daß der Minister nicht hier war?» fragte Frau Madsen.

«Er kommt morgen», tröstete Olga. «Glauben Sie nicht auch?»

Frau Madsen nickte mit Tränen in den Augen.

Olga half ihr, sich hinzulegen, und stopfte die Bettdecke fest.

«Nun schlafen Sie mal schön!» sagte sie und knipste das Licht aus.

Kurz darauf schlief Frau Madsen. Sie träumte, daß der Minister kam und ihr einen ganzen Sack Kaffee gab. Zum Dank verehrte sie ihm das neue Radio.

Tarzan

«Vater, bist du stärker als Tarzan?» fragte Jens plötzlich, als wir eines Tages zusammen im Wald spazierengingen.

«Viel stärker», sagte ich. Das war natürlich ein wenig übertrieben, aber ich wollte gern, daß mein Sohn mich bewundert. Er ist nämlich der einzige, der das je getan hat.

«Kannst du Bäume mit den Händen ausreißen wie Tarzan?» fragte Jens.

«Na klar», sagte ich. Nun hatte ich mich einmal darauf eingelassen.

«Einen großen Baum auch?»

«Welchen du willst.»

«Versuch mal!» sagte Jens.

«Nein», sagte ich. «Die Forstverwaltung erlaubt es nicht. Sonst würde ich gerne.»

Jens beugte sich diesem Argument, und wir gingen weiter. Nach einigen Minuten trafen wir plötzlich einen Mann mit Dienstmütze. Das war der Förster. Jens erkannte ihn sofort, und ehe ich es verhindern konnte, hatte er sich an ihn gewandt.

«Mein Vater möchte gerne Bäume mit den Händen ausreißen. Darf er?»

«Mit den Händen?» sagte der Förster. «Ich glaube nicht, daß dein Vater das kann.»

«Doch kann er», widersprach Jens eifrig. «Er hat es ja selber gesagt. Er ist viel stärker als Tarzan.»

Der Förster betrachtete mich einen Augenblick und machte den Eindruck, als bezweifle er die Richtigkeit dieser Behauptung. Dann lächelte er seltsam.

«Wenn Sie das wirklich können», sagte er, «dürfen Sie gerne ein paar ausreißen.»

«Na los, Vater, mach!» rief Jens entzückt.

«Ich habe meinen neuen Anzug an», sagte ich und zog den Jungen weiter.

«Ätsch, du kannst es ja doch nicht», sagte Jens, als wir weitergingen.

Ich antwortete nicht. In Gedanken formulierte ich eine Beschwerde an das Oberforstamt, denn ich bin sicher, daß ein Förster nicht befugt ist, solche Genehmigungen zu erteilen.

Auf Flügeln des Gesanges

Ich bin Akademiker. Ich habe ein glänzendes Abitur gemacht, ein Philosophiestudium *summa cum laude* absolviert und ein Diplom als Staatsrechtler erworben. Ich bin ein Mann mit Bildung.

Ursprünglich hatte man mir eine andere Laufbahn vorgeschrieben. Ich sollte den Realschulabschluß machen und danach in die Handelslehre. Nach bestandener Lehre sollte ich dann auf die Höhere Handelsschule, wobei man die Idee hatte, daß ich später irgendwo eine Direktorenstellung bekäme.

Das Programm wurde, einschließlich der Handelsschule, absolviert; aber mit dem Direktorwerden haperte es. Ich weiß nicht mehr, warum das nicht klappte. Jedenfalls landete ich in einer riesigen Engros-Firma in der Abteilung für Anodenbatterien. Ich wurde dann so eine Art Sekretär für den Chef der Anodenbatterien, und meine Arbeit bestand darin, daß ich nach seinem Diktat Briefe an Kunden schrieb, die defekte Anodenbatterien mit der Forderung nach Ersatz zurückgeschickt hatten. In den Briefen wiesen wir diese Forderungen immer mit der Begründung ab, eine

Untersuchung habe ergeben, daß die Batterie aufgrund zu schneller Entladung zerstört worden sei.

Als ich sieben Jahre gesessen und solche Briefe abgefaßt hatte, fragte ich meinen Chef, was zu schnelle Entladung eigentlich sei. Aber er weigerte sich, mir das zu erklären. Deshalb verlor ich das Interesse am Handel und beschloß statt dessen, eine akademische Karriere zu beginnen, und nachdem ich im Selbststudium während der Freizeit sowohl das Abitur als auch den ersten Teil des Staatsrechtsexamens absolviert hatte, verließ ich die Anodenbatterieabteilung, ohne zu wissen, was zu schnelle Entladung sei, ja selbst, ohne eine Ahnung zu haben, was eine Anodenbatterie ist.

Aber vorher, bis zu diesen Begebenheiten, war alles glatt nach Plan gegangen. Ich hatte den Realschulabschluß gemacht und danach eine Lehre im Konsum von Bövsinge angetreten.

Der Konsum von Bövsinge war eine ländliche Gemischtwarenhandlung, die alles führte, von Futter und Getreide über Kolonialwaren und Unterhosen bis zu Leberpastete und Brillen.

Die Brillenauswahl war absolut nicht klein. Wir hatten ein ganzes Schubfach voller Brillen unterschiedlicher Stärke. Wenn jemand eine Brille kaufen wollte, fragten wir erst, ob er weit- oder kurzsichtig wäre. Das wußten die Leute meistens nicht. Deshalb gaben wir ihnen zuerst eine kurzsichtige Brille und ein Exemplar der Amtszeitung und baten sie, den Leitartikel laut vorzulesen.

Wenn jemand kein einziges Wort lesen konnte, stellten wir fest, daß er weitsichtig sei. Dann ließen wir ihn weitsichtige Brillen verschiedener Stärke ausprobieren, bis er eine fand, die ihm ermöglichte, den Leitartikel zu lesen. Das war eine einfache und praktische Methode und wahrscheinlich mindestens genauso effektiv wie all der moderne Kram mit Tafeln und Buchstaben, besonderen Apparaturen und verschiedenfarbenem Licht.

Die Arbeitszeit dauerte damals ziemlich lange. An den ersten vier Tagen der Woche hatten wir von morgens um sechs bis abends um sechs geöffnet, Freitag bis sieben und Sonnabend bis neun. Außer Kost und Logis erhielten wir keinen Lohn. Diese Naturalien wurden vom Finanzamt veranschlagt, wofür ich Steuern bezahlen mußte. Das erschien mir ziemlich ungereimt in Anbetracht dessen, daß ich überhaupt kein Bargeld verdiente, und ich suchte deshalb die Finanzbeamten auf und fragte sie, wovon ich die Steuern bezahlen sollte. Ob sie vielleicht ein Stück Leberpastete annehmen würden. Es erwies sich, daß sie sich nichts aus Leberpastete machten, und deshalb wurde ich von der Steuer befreit.

Meine Arbeit im Konsum bestand vor allem darin, Mehl und Zucker abzuwiegen und den Fußboden zu fegen. Darüber hinaus war es meine Aufgabe, die Pferde der Bauern zu halten, die ihre Fahrzeuge während des Einkaufes draußen abstellten.

Diesen Job verabscheute ich mehr als alles andere.

Ich hatte schon immer vor jedem Tier, das größer als ein Schaf ist, Angst gehabt, und ein schnaubendes, trampelndes Pferd zu halten war absolut nicht mein Hobby. Es war natürlich meine Aufgabe, die Pferde am Ausreißen zu hindern, aber wenn ein Pferd das versucht hätte, wäre ich bestimmt nicht der Mann gewesen, es zu verhindern. Glücklicherweise machte kein Pferd den Versuch, aus welchem Grund auch immer. Vor mir werden sie jedenfalls keine Angst gehabt haben.

Bövsinge war nicht das, was man unter einer Großstadt versteht, aber dafür war es dort nie langweilig. Zum ersten war da ein Kino, das zweimal die Woche spielte, vorausgesetzt, es kamen mindestens zehn Zuschauer. Kamen weniger, wurde man rausgeschmissen, und es wurde einem gesagt, man solle ein andermal wiederkommen. Außerdem konnte man jeden Sonnabend an einem Ball oder einer Tombola teilnehmen, vorausgesetzt, man war Mitglied der Bövsinger Bürgervereinigung oder des Linksvereins oder des Konservativen oder Sozialdemokratischen Vereins, und die meisten von uns waren überall drin. Aber für einen Mann mit Intellekt reichten diese oberflächlichen Vergnügungen nicht aus. Ich hatte immer ein gewisses Bedürfnis nach Kultur gehabt. Und aus diesem Grund meldete ich mich zum Bövsinger Arbeitergesangverein.

Ich hatte schon immer viel von Musik und Gesang gehalten, und besonders Heldentenöre hatte ich immer bewundert. In dem Jahr, in dem ich in Bövsinge weilte, war ein besonderer Typ von Filmen sehr in Mode, von denen ich mir alle ansah. Hauptperson war ein Tenor. Aber zu Beginn des Films war er nur ein ganz gewöhnlicher Mensch, zum Beispiel Taxifahrer oder Seemann, der eine schöne Stimme hatte, aber nicht entdeckt wurde, bis er eines Tages auf das Dach seines Autos oder auf einen Mast kletterte und «O sole mio» schmetterte, so daß alle verblüfft stehenblieben und gebannt lauschten, und der Direktor der Oper, der zufällig zugegen war, zu ihm hinging und ihm die Partie des Rodolpho anbot.

Diese Filme liebte ich, und ich identifizierte mich immer mit der Hauptperson. Wenn ich allein im Zimmer war, sang ich die großen Tenorarien und war der Meinung, daß ich eine wohlklingende Stimme hätte, und hoffte, eines Tages den Mut zu finden, das Fenster zu öffnen und meine Stimme weit über Bövsinge erklingen zu lassen. Für diesen Fall erwartete ich, daß die Einwohner verblüfft stehenbleiben und hingebungsvoll lauschen würden. Leider verließ mich im letzten Augenblick immer der Mut. Ich war immer etwas schüchtern gewesen und hatte mich immer geschämt, vor anderen zu singen, und das ist natürlich ein gewisser Hemmschuh für einen Sänger.

Nun war in unserem Konsum ein Kommis, der meine Gesangsinteressen teilte und der mit mir in die Tenorfilme zu gehen pflegte. Dieser Kommis hatte wirklich eine wunderschöne Stimme, und um Gelegenheit zu haben, sie anzuwenden, war er dem Bövsinger Arbeitergesangverein beigetreten. Eines Tages erzählte er mir, daß dieser Gesangverein noch mehr Tenöre gebrauchen könnte, und fragte mich, ob ich nicht eintreten wollte. Ich schwankte zwischen meiner Schüchternheit und dem Wunsch, entdeckt zu werden, und beschloß schließlich einzutreten.

Der Bövsinger Arbeitergesangverein wurde vom Friseur des Ortes geleitet und traf sich jeden Mittwoch im Saal des Gasthofs «Zum Krug». Am nächsten Mittwoch ging ich also mit dem Kommis dorthin. Ich hatte weiche Knie und feuchte Hände und verstand bei dieser Gelegenheit, welchen Mut der Matrose hatte aufbringen müssen, bevor er auf den Mast kletterte, um zu singen. Im Innersten bedauerte ich es, mich auf die Sache eingelassen zu haben.

Der Barbier bewillkommnete mich mit überströmender Herzlichkeit. Sie hatten einen großen Tenorbedarf. Und wenn er nicht fehlging, so war ich einer. Oder nicht?

Ich bemerkte, wie ich heiße Ohren bekam, und murmelte etwas von: ich wüßte ja auch nicht und ich hätte ja nie. Aber der Friseur nahm mich nur lächelnd am Arm und zog mich zum Flügel.

«Wollen wir mal hören, was du kannst», sagte er und begann eine Tonleiter zu spielen.

Mir wurde klar, daß ich nun singen sollte, aber es war mir nicht möglich, einen Ton herauszubekommen. Der gesamte Gesangverein hatte einen Kreis um uns gebildet, um die spannende Prüfung zu beobachten, und ich merkte, daß ich hochrot im Gesicht war und mir der Schweiß herunterlief.

Der Friseur nickte mir aufmunternd zu und spielte seine Tonleiter erneut. Ich öffnete den Mund und dachte intensiv an den Tenor im Mast, und plötzlich hörte ich mich zu meinem Schrecken selbst singen. Es war weder besonders laut noch besonders rein, aber ich sang.

«Ahahahahahaha», sang ich verzweifelt. Wir waren an der Obergrenze meines Stimmumfangs angekommen, und ich schloß mit einem besonderen Laut, der sich wie das Jaulen eines Hundes anhörte, dem man auf die Pfote tritt.

Ich erwartete brüllendes Gelächter. Aber das blieb aus. Ich stellte fest, daß nicht mal viele lächelten, und ich fühlte plötzlich eine warme Sympathie für diese Amateursänger, für die eine Stimmprüfung etwas ganz Natürliches und kein Anlaß zu blödem Grinsen war.

Der Friseur teilte mir mit, daß er nicht verneinen könne, daß ich mich eines Tages zu einem Tenor entwickeln könnte, aber daß ich es im Augenblick nicht wäre, was sicher damit zusammenhinge, daß ich noch im Stimmbruch sei. Aber das solle mich nicht stören. Vielleicht sei meine Stimme tief genug für den zweiten Baß. Und so einen bräuchten sie sehr dringend.

Die Bemerkung, ich sei noch im Stimmbruch, kränkte mich sehr. Zu dieser Zeit rasierte ich mich bis zu zweimal die Woche. Ich war schon öfter Arm in Arm mit einem Mädchen gesehen worden und war schon dreimal betrunken gewesen. Ich würde denen schon zeigen, daß ich aus der Pubertät heraus und mit einer tiefen, vollen und männlichen Baßstimme ausgerüstet war.

Die Stimmprüfung abwärts fiel aber leider nicht besser aus als die aufwärts. Nach einigen Tönen kam ich nicht mehr klar, und meine Stimme schlug in einen mindestens ebenso sonderbaren Laut um wie an ihrer Obergrenze. Diesmal hörte es sich aber wie ein Rülpser an.

Ich wurde in den ersten Baß aufgenommen, was mir wie eine große Kränkung vorkam. Die ersten Bässe machen die am wenigsten erstrebenswerte Gruppe eines Chores aus. Sie sind so eine Art Auffanggruppe, in der alle landen, die weder eine besonders hohe noch eine besonders tiefe Stimme haben, ja sogar solche, denen man nachsagt, daß sie überhaupt keine Stimme haben. Es erwies sich auch später, daß diese Gruppe genauso groß war wie alle anderen drei Gruppen zusammen.

An diesem Abend nahm ich nicht am Gesang teil, sondern genoß es, den anderen zuzuhören, und ich muß zugeben, daß ich tief beeindruckt war.

Die Seele des Chors war der Schmied Henriksen, der einen wirklich klaren und vollen Tenor hatte, sowie dessen Vater mit einem ebenso wohlklingenden Baß. Aber da waren auch noch andere vortreffliche Stimmen, und die Freude, mit der deren Besitzer davon Gebrauch machten, imponierte mir gewaltig. Ich begann allmählich zu bedauern, daß ich mich gemeldet hatte, und ich fürchtete, daß ich es nie wagen würde, mich so hemmungslos zu verausgaben, wie es die anderen taten.

Meine Furcht erwies sich als wohlbegründet, denn als ich in den folgenden Wochen an den Proben teilnahm, fehlte mir immer der Mut zum Mitsingen. Ich tat natürlich so, als sänge ich, aber es kam nie ein Laut von meinen Lippen. Manchmal wagte ich ein schwaches Brummen, aber das war auffallender, als wenn ich überhaupt nicht mitsang. So gab ich das schnell wieder auf und begnügte mich mit dem Bewegen der Lippen.

Den ganzen Winter über nahm ich an den Proben teil, ohne daß je ein Laut von meinen Lippen kam. Wir probten ein sehr vielseitiges Repertoire, in dem ich mich allmählich völlig sicher fühlte, auch wenn ich nie versucht hatte mitzusingen. Ein Lied gefiel mir besonders. Es hieß ungefähr: «Juchheißa, mein Mädchen, du lustige Dirn. Laß uns sein wie Kinder und herzlich lachen!» Und dann folgte eine Menge Tralala und dergleichen. Es war ziemlich schwierig, weil die verschiedenen Stimmen zur gleichen Zeit nicht dasselbe sangen. Wenn die Bässe «Juchheißa» sangen, sangen die Tenöre «Tralala» oder umgekehrt. Es war nicht leicht, aber es hörte sich sehr gut an.

Ich glaube nicht, daß je jemand merkte, daß ich nie

mitsang. Jedenfalls sagte nie jemand etwas. Ich hatte mir eine gewisse Technik ausgearbeitet, so daß es unmöglich war, mir anzusehen, daß ich nicht am Singen teilnahm.

Natürlich bewegte ich die Lippen, während ich im Geist die Worte formte. Und ich atmete zwischen zwei schwierigen Passagen auch tief ein, wie das alle taten, und natürlich warf ich zum Abschied eines Liedes auch den Kopf. Wenn es ein ernstes Lied war, sah ich so feierlich aus wie die anderen Sänger, während ich bei den lustigen Gesängen, wie «Juchheißa, mein Mädchen» den Kopf munter von einer Seite auf die andere warf und hingerissen lächelte. Ich machte meine Sache nicht schlechter als die anderen, wenn man mal vom Singen absah. Ich ärgerte mich schrecklich über meine Schüchternheit, und bei jeder Probe beschloß ich, dieses Mal mitzusingen. Aber im entscheidenden Moment verließ mich der Mut, und ich blieb stumm.

Als wir mit der Zeit ein ausgezeichnetes Repertoire einstudiert hatten, begannen wir damit, in den Versammlungshäusern der Umgegend aufzutreten.

Das waren große Abende. Wir kamen in feinem blauem Anzug und mit Schlips und waren so verändert, daß wir am liebsten Sie zueinander gesagt hätten. Wir kamen gewöhnlich an, wenn das Fest in vollem Gange war. Wir erweckten natürlich Aufsehen, und der Leiter unterbrach das Fest einen Augenblick und machte darauf aufmerksam, daß die soeben angekommenen Herren der Bövsinger Arbeitergesangverein waren, der so freundlich sein würde, im Laufe des heutigen Abends einige Nummern zum besten zu geben.

Diese Vorstellung löste immer gewaltigen Beifall aus, während uns gleichzeitig alle Anwesenden neugierig anstarrten, als wären wir der Opernchor von Milano. Das war immer ein großer Augenblick für uns, selbst wenn die meisten im gleichen Augenblick entdeckten, daß der Kragen zu eng war und der Schlips schief saß.

Unser Auftritt teilte sich normalerweise in zwei Teile. Der erste Teil wurde immer mit der «Internationalen» eingeleitet, und danach folgte eine Serie der feierlicheren Gesänge. Dann war Pause, und danach gab es eine Serie eher munterer Gesänge, darunter natürlich «Juchheißa, mein Mädchen». Nach jeder Nummer gab es immer gewaltigen Beifall, den der Friseur im Namen aller entgegennahm. Aber nachdem wir das letzte Lied gesungen hatten, trat er generös zur Seite und leitete mit einer weitausholenden Armbewegung den Beifall an uns Sänger weiter. Wir dankten mit einem bescheidenen Kopfnicken. Auch ich, der ich wie gewöhnlich keinen anderen Beitrag zur Unterhaltung geleistet hatte als eine Reihe von Grimassen und Kopfbewegungen, die aber vielleicht auch sehenswert gewesen waren.

In der Pause pflegte man uns zu einem Imbiß auf Kosten des Gastgebervereins einzuladen. Das stärkste Getränk, das man in so einem Versammlungshaus bekommen konnte, war ein leichtes Pilsner, aber der Friseur beeilte sich immer zu betonen, daß dies unser Lieblingsgetränk wäre. Während wir das leichte Pils tranken, unterhielt sich der Vorstand gerne mit uns und versicherte, daß er von unserem Gesang begeistert sei. Einmal kam ich neben den Vorsitzenden zu sitzen, der mir vertraulich mitteilte, daß er sehr sangeskundig sei, daß ich ihm aufgefallen sei und daß ihm klar wäre, daß ich von allen die beste Stimme hätte. Ich wandte bescheiden ein, daß noch einige im Chor wären, die genauso gut sängen wie ich. Aber davon wollte er nichts hören, und so dachte ich, daß kein Grund bestünde, ihm zu widersprechen.

Ein zweites leichtes Pilsner lehnten wir immer mit der Begründung ab, daß wir frische Luft schnappen wollten, wofür der Vorstand vollstes Verständnis hatte. Danach gingen wir alle hinaus, stellten uns etwas abseits in Chorformation im Halbkreis auf – die ersten Tenöre auf dem rechten Flügel und die zweiten Bässe auf dem linken – und begannen das leichte Pilsner wieder abzulassen. Wenn das erledigt war, zog der Dirigent zwei Portweinflaschen aus seiner Notenmappe. Er öffnete sie vorsichtig und reichte danach die eine dem Leiter der Tenöre, dem Schmied Henriksen junior, und die andere dem Leiter der Bässe, Schmied Henriksen senior.

Die beiden ersten Kräfte setzten die Flaschen an, legten die Köpfe zurück und nahmen jeder einen ordentlichen Schluck. Darauf ließen sie die Flaschen weitergehen, und ihre Nebenmänner wiederholten die Zeremonie. Auf diese Weise arbeiteten sich die Flaschen langsam auf die Mitte zu, wo wir unglücklichen ersten Bässe sie kriegten und mit den Resten zufrieden sein mußten. Nachdem wir das einige Male erduldet hatten, protestierten wir beim Dirigenten und forderten, daß bei uns begonnen werde und die Flaschen sich von uns aus nach den Seiten zu arbeiten sollten. Der Friseur sah die Rechtmäßigkeit unseres Vorschlages ein, aber die beiden Schmiede erhoben wilden Protest, mit dem demokratischen Resultat, daß vier Flaschen gleichzeitig in Umlauf gesetzt wurden, von denen zwei in der Mitte und zwei an den Flügeln starteten. Seitdem gab es keine Unzufriedenheit mehr.

Nachdem sich die Augen an die Dunkelheit gewöhnt hatten, bemerkten wir im übrigen, daß wir nicht allein draußen waren, sondern daß überall verstreut große und kleinere Menschenansammlungen waren, die in kurzen Zwischenräumen den Kopf zurücklegten und «Ahhh» sagten. Wir kamen mit einigen ins Gespräch, und sie erklärten übereinstimmend, daß sie nur geringe Mengen Pilsner vertrugen, weshalb sie mit Rücksicht auf ihre Gesundheit die Getränke mitgebracht hatten, die sie besser vertrugen. Es war auch offenbar, daß die Stimmung im Lokal gestiegen war, wenn wir nach der Pause die Unterhaltung mit den lustigen Gesängen wiederaufnahmen.

Auch auf unsere Interpretationsweise hatte die Pause meistens einen günstigen Einfluß. Während der ersten Nummer konnte es mal ein kleines Durcheinander geben, aber der zweite Teil war immer ein dröhnender Erfolg, wenn man davon absieht, daß der Schmied Henriksen junior manchmal glaubte, er wäre der Dirigent. Wir hatten eine aufrechtere Haltung. Wir wußten, wo wir unsere Hände lassen sollten, und unsere Stimmen waren kräftiger und freier als zuvor. Selbst ich war manchmal nahe daran, mich zu vergessen und mitzusingen, was aber nur einmal geschah.

Wenn ich mich recht erinnere, so traten wir an diesem Abend im Imkerverein auf. Ich weiß nicht, ob Imker besonders musikalisch sind oder ob wir an diesem Abend besonders überragend sangen. Es ist jedenfalls bemerkenswert, daß wir das Publikum mehr erfreuten als je zuvor und einen phantastischen, nicht enden wollenden Beifall bekamen.

Ich hatte natürlich, wie immer, nicht den Mund geöffnet, aber beim letzten Beifall vor der Pause hatte ich beschlossen, nun damit Schluß zu machen und nach der Pause mitzusingen. Diesen Entschluß hatte ich zwar jedesmal gefaßt, und bisher war es immer nur bei der Absicht geblieben. Aber an diesem Abend sollte es dazu kommen.

Wir waren wegen des Erfolges alle in Hochstimmung, und der Friseur spendierte in der Pause eine extra Flasche Portwein. Ich manövrierte mich etwas hin und her, damit ich öfter einen Schluck abbekam. Ich fühlte mich in Form, als wir danach zum lustigen Teil Aufstellung nahmen. Wenn ich mich an diesem

Abend nicht traute mitzusingen, würde es nie etwas werden.

Die erste Nummer war «Juchheißa, mein Mädchen». Zu Beginn kickste ich. Ich war ja ohne Training, und es glückte mir nicht, im Takt zu bleiben. Ich gab die Sache nicht auf und wartete ruhig, bis die Stelle kam, wo die Bässe «Juchheißa, juchheißa» zu singen hatten und die Tenöre «Tralala». Ich beobachtete genau die Bewegungen des Dirigenten, und als das Zeichen kam, setzte ich ein.

«Juchheißa», brüllte ich mit einer Stimme, deren Lautstärke mich selbst verblüffte. Möglicherweise sang ich nicht besonders rein und melodisch, aber ich sang mit.

War ich selber schon verblüfft, so waren es die anderen Sänger nicht minder. Die hatten ja meine Stimme nie zuvor gehört, und bei meiner Teilnahme am Gesang gerieten sie ganz aus der Fassung. Einer nach dem anderen hörte auf zu singen und sah sich nach mir um, während der Friseur wild mit den Armen fuchtelte und den anderen bedeutete, mich anzustoßen.

Schmied Henriksen war der erste, der sich wieder faßte, und mit seinem schönen Tenor stimmte er tralalaend ein.

«Juchheißa, juchheißa», sang ich.

«Tralala, tralala», antwortete Henriksen.

In wenigen Sekunden wurde aus dem Gesang ein Duell zwischen mir und dem Schmied, der Dirigent bekam den Chor wieder unter Kontrolle, und der Rest des Chores stimmte wieder ein, welche Gelegenheit ich sofort dazu benutzte, zu schweigen und mich mit Grimassen zufriedenzugeben. Es gab einen phantastischen Beifall. Ich gehe davon aus, daß die Imker geglaubt hatten, das Intermezzo wäre ein besonders raffiniertes Arrangement gewesen und gehörte zur Nummer. Glücklicherweise verlangten sie jedoch kein *da capo*.

Keiner meiner Kameraden erwähnte mir gegenüber je den Vorfall, aber es war das erste und letzte Mal gewesen, daß ich im Bövsinger Arbeitergesangverein meine Stimme hatte ertönen lassen. Leider war es nicht das letzte Mal, daß ich mich unter Alkoholeinfluß dem Gesang ergab. Aber das ist eine andere Geschichte, die nicht hierhergehört.

Wechselgeschäft

Meine Frau hatte mich in die Stadt geschickt, um etwas Aufschnitt zu kaufen. Er kostete 5 Kronen 44 Öre, und ich bezahlte mit einem Zehner. Die Verkäuferin gab mir einen Fünfer zurück und fragte, ob ich nicht 44 Öre hätte. Die hatte ich nicht, aber ich hatte 50 Öre. Die gab ich ihr und erwartete 6 Öre zurück. Leider hatte sie keine 6 Öre. Daher gab sie mir ein 10-Öre-Stück und fragte, ob ich 4 Öre hätte. Ich hatte nur ein 5-Öre-Stück, welches ich ihr gab, worauf sie mir ein 2-Öre-Stück herausgab und fragte, ob ich ein 1-Öre-Stück hätte. Ich hatte keines, daher gab ich ihr das 10-Öre-Stück, das ich vorher von ihr gekriegt hatte, und sagte, sie könne mir ja dann 9 Öre herausgeben.

Natürlich hatte sie keine 9 Öre, deshalb gab sie mir wieder etwas anderes, und wie das so zugeht, schuldete ich ihr schließlich 3 Kronen 67.

Mittlerweile waren einige Kunden in den Laden gekommen und begannen ungeduldig zu werden.

«Hören Sie mal», sagte ein Mann, «wenn das so weitergeht, stehen wir noch den ganzen Tag hier.»

«Hilft es Ihnen weiter, wenn ich Ihnen ein 25-Öre-Stück klein mache?» fragte eine ältere Dame.

«Das ist einen Versuch wert», sagte ich und gab ihr die 25 Öre. Sie kramte in ihrer Börse, aber da fanden sich nur 22 Öre. Ich nahm sie und sagte, sie schulde mir noch 3 Öre, aber davon wollte sie nichts hören, und ein Mann wechselte ihr ein 10-Öre-Stück, hatte aber nur 8 Öre; deshalb ließ er sich sofort irgend etwas von einem anderen Mann wechseln, um ihr die 2 Öre geben zu können, und schuldete dem nun wieder was.

Die Verkäuferin und ich versuchten noch einmal unser Glück. Das Geld wanderte hin und zurück über den Tisch. Der Saldo wechselte von Debit auf Kredit, aber wir kamen bloß bis auf eine Öre klar, an der schon vorher alles gescheitert war. Die anderen Kunden halfen, indem sie Geld investierten und wieder herausholten, aber das nützte auch nichts. Wir waren in eine Zwickmühle geraten. Einmal schuldete ich der Verkäuferin etwas über 200 Kronen, und dann war sie mir wieder 52 Öre schuldig. Gleichzeitig hatte ich bei einer Dame 17 Öre Schulden, aber zum Ausgleich bei einem Mann ein Guthaben von 1 Krone 58. Wir kamen einfach nicht klar.

Die Stimmung im Laden stieg auf den Siedepunkt. Die Leute hatten die Warterei satt, aber da jeder von jedem irgendwie Geld zu kriegen hatte, konnte keiner den Laden verlassen. Alle begannen nun zu kreischen und ihr Guthaben einzufordern, aber keiner konnte bezahlen, ohne erst bei jemand anders gewechselt zu haben, und allmählich bestand die Gefahr eines Handgemenges. Da ich Angst hatte, daß man auf mich am meisten wütend sein würde, benützte ich einen günstigen Augenblick, um einfach abzuhauen. Mein Paket konnte ich nicht mitnehmen, weshalb ich in einen anderen Laden gehen und noch einmal Aufschnitt kaufen mußte.

Ich möchte mal wissen, was mich das nun eigentlich gekostet hat.

Top secret

Vor kurzem erhielt ich einen Brief, bei dem an Stelle von «Herrn» eine Nummer stand, woraus ich sofort schloß, daß er von der Armee kam. Das stimmte fast. Er kam von der Heimwehr, die mir mitteilte, daß ich mich künftig als diesem Korps unterstellt zu betrachten habe.

«Der rote Gestellungsbefehl in Ihrem Soldbuch», stand in dem Schreiben, «ist nicht mehr gültig, weshalb Sie hiermit aufgefordert werden, ihn herauszureißen und zu verbrennen.»

Nun weiß ich, Befehl ist Befehl, ganz besonders wenn der Befehl von der Armee kommt, und daß dieser sofort ausgeführt werden muß. Obwohl ich beim Frühstück saß, erhob ich mich augenblicklich und begann, mein Soldbuch zu suchen.

Es erwies sich, daß dies ein schwieriges Vorhaben war. Ich suchte überall, fand viele andere Dinge, die ich schon lange gesucht hatte, aber das Soldbuch war weg.

«Kannst du mir nicht suchen helfen?» raunzte ich meine Frau an. «Du sitzt bloß da und glotzt!»

«Kannst du nicht warten, bis wir mit dem Frühstück fertig sind?» fragte sie.

«Bist du wahnsinnig?» sagte ich. «Glaubst du, daß ein Soldat, der einen Befehl erhält, sagen kann: ‹Einen Moment, ich muß erst meinen Kaffee trinken.›? Was glaubst du, wird der Verteidigungsminister dazu sagen?»

«Was weiß ich», sagte meine Frau und erhob sich.

Nachdem wir eine Stunde gesucht hatten, fanden wir das Soldbuch zwischen dem Spielzeug unseres Sohnes. Meine Frau, die keine Ahnung hatte, was es war, hatte es ihm zum Spielen gegeben.

«Das ist sehr verwerflich», sagte ich und sah sie streng an, «sehr verwerflich. Darüber reden wir noch.»

Ich öffnete das Soldbuch und nahm den roten Gestellungsbefehl heraus, demzufolge ich mich im Falle der Mobilisierung sofort in der nächsten Kreisstadt einzufinden habe, bei Tag oder Nacht.

«Hast du mal eine Untertasse oder so was, wo ich das beim Verbrennen drauflegen kann?» fragte ich meine Frau.

«Kannst du das nicht im Ofen verbrennen?» schlug sie vor.

«Davon steht nichts in der Vorschrift», sagte ich, «aber kann man sicher sein, daß nicht ein Fetzen durch den Schornstein fliegt und in Feindeshände fällt?»

«Das ist nicht sehr wahrscheinlich», sagte sie.

«Ein Soldat muß mit allem rechnen», sagte ich.

Meine Frau kam mit einer Untertasse. Ich legte den Gestellungsbefehl darauf, zündete ihn an und überwachte das Verbrennen des Dokuments. Ich nahm die Asche, ging in den Garten, grub ein zwei Meter tiefes Loch und versenkte sie. Ich schaufelte das Loch wieder zu, tarnte die Stelle mit einigen Ästen und erstattete der Heimwehr Bericht, daß der Befehl ausgeführt war.

Wenn ich nun keinen Orden bekomme, kriege ich nie einen.

Die fliegenden Untertassen

Es war ein ganz gewöhnlicher Vormittag, an dem meine Frau mich in die Stadt geschickt hatte, um ein Schwarzbrot zu kaufen, das nicht gemälzt sei. Warum nicht, weiß ich auch nicht. Auf dem Weg zum Bäcker ging ich über den kleinen Markt der Stadt. Dort sah ich etwas Eigentümliches: eine kleine Gruppe Menschen, die intensiv in die Luft starrte. Es waren ehrenhafte Leute wie der Stationsvorsteher, Fräulein Möller, der pensionierte Postamtsvorsteher Johansen und auch Petersen, der tagsüber der kommunale Straßenfeger ist und abends Kartenabreißer im Kino, und keiner von ihnen starrt sonst vormittags in die Luft. Da mußte schon was los sein.

Ich hatte meiner Frau versprochen, mich zu beeilen, konnte es aber nicht lassen, einen Augenblick stehenzubleiben und mitzustarren. Ich sah nichts außer blauem Himmel und einigen Wolken, aber das war ja nichts Neues.

«Verzeihung, wonach schauen Sie eigentlich?» fragte ich.

«Wir schauen nach dem komischen Ding, das dort

fliegt», sagte der pensionierte Postamtsvorsteher und zeigte in die Luft.

Ich schaute in die gezeigte Richtung und entdeckte das komische Ding, das hoch am Himmel dahinflog. Was das für ein Ding war, konnte ich nicht ausmachen, aber irgendwie kam es mir unheimlich vor.

Plötzlich verschwand der unheimliche Gegenstand, ich weiß nicht wohin, vielleicht hinter eine Wolke. Jedenfalls war er weg. Wir standen noch einige Minuten da und hofften, er würde wieder auftauchen, aber er zeigte sich nicht mehr.

«Was, zum Teufel, war das?» sagte der Postamtsvorsteher. «Keine Ahnung», sagte ich. «Es war jedenfalls kein besonders großer Gegenstand, und er flog auch nicht sehr schnell.»

«Völlig schleierhaft», sagte der Stationsvorsteher, der sich immer über alles Gedanken macht. «Entscheidend ist, wie hoch das Ding fliegt, und das läßt sich von hier unten nicht beurteilen. Wenn wir annehmen, daß es niedrig flog, so kann es nicht sehr groß gewesen sein, aber wenn wir annehmen, daß es sehr hoch flog, muß es ein großer Gegenstand gewesen sein, der sehr schnell flog.»

Wir beeilten uns alle sehr, anzunehmen, daß die Höhe groß gewesen war. Es hatte sich also um einen kriegerischen Gegenstand gehandelt, mit enormer Geschwindigkeit. Das war spannend.

«Wissen Sie, was ich glaube?» sagte Fräulein

Möller plötzlich. «Ich glaube, das war eine fliegende Untertasse.»

Fräulein Möller hat eigenartigerweise ein braunes und ein blaues Auge, aber trotzdem mußten wir zugeben, daß sie in diesem Falle recht haben könnte. Selbstverständlich war das eine fliegende Untertasse gewesen. Wenn wir richtig darüber nachdachten, konnten wir uns gut erinnern, daß der Gegenstand die Form einer Untertasse gehabt hatte.

«Eigentlich eher zwischen tiefem und flachem Teller», sagte der pensionierte Postamtsvorsteher.

«Genau», sagten wir anderen.

«Es flog von Ost nach West», sagte der Stationsvorsteher.

«Quatsch!» sagte Petersen.

«Was meinen Sie mit Quatsch?» fragte der Stationsvorsteher gekränkt. Aus irgendeinem Grund kann er Petersen nicht leiden. Ich glaube, weil er abends mehr Gold auf seiner Platzanweiseruniform hat als der Stationsvorsteher auf seiner.

«Es flog ganz deutlich von Westen nach Osten», sagte Petersen.

«Ich wünsche nicht, mit Ihnen über Politik zu diskutieren», sagte der Stationsvorsteher. «Ich weiß schon, wessen Meinung Sie vertreten.»

«Ich habe meine eigenen Ansichten, und ich werde jedenfalls nicht von ausländischen Kriegshetzern bezahlt wie gewisse andere Leute hier in der Stadt.» Er sah uns alle vier bedeutungsvoll an.

Ich weiß nicht, ob der Stationsvorsteher oder Fräulein Möller von ausländischen Kriegshetzern bezahlt werden, aber ich fühlte mich auf keinen Fall betroffen. Ich hatte keine Ahnung davon, daß man von Kriegshetzern Geld kriegen kann. Aber vielleicht war das eine Untersuchung wert.

«Es war jedenfalls ein unheimlicher Anblick», sagte Fräulein Möller, die offenbar nichts davon hielt, in die große Politik hineingezogen zu werden. «Und diesen schrecklichen Ton werde ich nie vergessen.»

«Was für einen Ton?» Wir sahen sie erstaunt an.

«Haben Sie es denn nicht jaulen gehört?»

Uns kam es nun auch so vor, als ob wir einen jaulenden Ton gehört hätten. Der Postamtsvorsteher hatte auch ein Glimmen bemerkt, kurz bevor die Untertasse verschwand.

Wir standen noch eine Weile rum und sprachen über die fliegende Untertasse, und dann ging ich weiter. Ich mußte immer noch ein ungemälztes Schwarzbrot kaufen.

In der Hauptstraße waren ungewöhnlich viele Menschen, und alle waren sehr erregt. Das Gerücht um die fliegende Untertasse hatte sich in Windeseile verbreitet. Die meisten hatten sie gesehen, und viele hatten sogar zwei gesehen. Und am anderen Ende der Straße wußten dann alle, daß es eine ganze Flotte von einem halben Dutzend fliegender Untertassen gewesen war. Ich sagte, daß ich sie auch gesehen hätte. Ich genierte mich zuzugeben, daß ich nur eine gesehen hatte.

Ich kaufte mein Schwarzbrot und machte mich auf den Heimweg. Als ich wieder über den Markt ging, stand dort der pensionierte Postamtsvorsteher noch immer.

«Haben Sie gehört?» fragte er erregt und ergriff mich am Arm.

«Was denn?» Ich hatte schon viel gehört, aber es hätte ja sein können, daß er noch mehr gehört hatte.

«Eine der Untertassen ist auf dem Feld von Niels Andersen gelandet», sagte er.

«Tatsächlich?» Ich glaube, meine Stimme zitterte etwas.

«Das ist authentisch», sagte er.

Den Rest des Weges nach Hause legte ich mit dem Schwarzbrot unter dem Arm im Laufschritt zurück.

«Laß die Kinder nicht raus», sagte ich zu meiner Frau. «Und verschließ die Türen! Ich muß gleich wieder weg und sehen, ob ich mich irgendwie nützlich machen kann.» Dann nahm ich das Fahrrad und raste zum Feld von Niels Andersen.

Als ich dort ankam, waren schon viele Menschen da, aber eine fliegende Untertasse war nirgends zu sehen. Die war wieder weggeflogen, erklärten die Leute.

Ich sah den Stationsvorsteher, Petersen und noch andere, die irgend etwas auf der Erde betrachteten. Ich gesellte mich zu ihnen.

«Da, sehen Sie mal!» sagte der Stationsvorsteher.

«Hier sind die Spuren, wo die Untertasse gelandet und gestartet ist.»

Er zeigte auf die Erde, wo deutliche Spuren zu sehen waren. Sie glichen vollkommen gewöhnlichen Wagenspuren, und es könnten auch welche gewesen sein, wenn es eben nicht die Spuren einer fliegenden Untertasse gewesen wären.

«Hat denn keiner die Untertasse gesehen?» fragte ich.

«Man sagt, daß der Junge von Niels Andersen sie sehen konnte», sagte der Stationsvorsteher. «Und sie sprachen eine komische Sprache, er meint, es war Russisch.»

«Wieso glaubt er, es war Russisch?» fragte Petersen.

«Weil er nichts verstanden hat, und er kann kein Russisch.»

«Der Junge von Niels Andersen versteht auch nicht Amerikanisch», sagte Petersen.

Der Stationsvorsteher sah ihn verächtlich an.

Ich fuhr nach Hause und brachte mein Fahrrad in den Schuppen. Ich sagte zu meiner Frau, daß ich in die Stadt gehen und sehen wolle, ob ich etwas tun könne. Sie solle die Ruhe bewahren und keine Angst haben.

Sie sagte, sie würde schon die Ruhe bewahren, und machte mich gleichzeitig darauf aufmerksam, daß das Schwarzbrot, welches ich gebracht hatte, doch gemälzt war.

Ohne Antwort ging ich meines Weges. In der vorliegenden Situation erschien es mir vollkommen egal, ob ein Brot gemälzt war oder nicht.

In der Stadt sah es wie an einem Markttag aus. In den Straßen wimmelte es von Leuten, die aufgeregt aufeinander einredeten, und die Geschäfte waren proppenvoll. Im Textilwarengeschäft rannte ich gegen Frau Direktor Berg.

«Sagen Sie, stimmt das, was man sagt?» fragte sie erregt. «Daß fünf Marsmenschen auf dem Weg in die Stadt sind?»

«Ich glaube nicht», sagte ich, «ich habe jedenfalls nichts davon gehört.»

«Hab ich mir doch gleich gedacht, daß das nur ein Gerücht ist», sagte sie enttäuscht. Ich glaube, sie hatte überlegt, ob sie sie zum Mittagessen einladen soll.

«Ist das nicht schrecklich?» sagte da plötzlich jemand. Es war Frau Rechtsanwalt Abrahamsen. «Nun ist es passiert. Aber diesmal sind wir drauf vorbereitet.»

«Absolut», sagte ich.

«Ich will mal fix rein und sehen, ob ich ein Laken für eine weiße Fahne kriegen kann», fuhr sie fort, «aber so was ist sicher nicht mehr aufzutreiben.»

Sie verschwand im Textilwarengeschäft, obwohl da eigentlich niemand mehr reinpaßte. Offenbar wünschten alle, dieses Mal vorbereitet zu sein. Noch mal wollten wir uns nicht überrumpeln lassen.

Ich zählte mein Geld. Für ein Laken reichte es nicht mehr. Deshalb stürzte ich zum Kaufmann, um vielleicht noch ein paar Konserven zu erwischen. Unterwegs traf ich den pensionierten Postamtsvorsteher. Er hielt einen Brief in der Hand.

«Das ist für die Amtszeitung», sagte er.

Ich nickte. Es ist sein Hobby, Leserbriefe an die Amtszeitung zu schicken, mit Klagen über schlechte Straßenbeleuchtung und Hundekacke auf den Bürgersteigen.

«Was steht in dem Brief?» fragte ich, weil ich merkte, daß er es gerne erzählen wollte.

«Er enthält eine Kritik an den Behörden der Stadt, weil sie keine Vorbereitungen für die nun eingetretene Situation getroffen und nichts für den Schutz der Bewohner in so einem Fall getan haben.»

«Haben sie das nicht?» fragte ich.

Er sagte, Genaues wüßte er nicht, aber er könne davon ausgehen, daß die Behörden in solchen Fällen immer nachlässig wären.

Ich ging zum Kaufmann. Auch hier war es voll. Frau Direktor Berg war an der Reihe. Stapel von Konserven, Seife und Tee und sonst noch was türmten sich vor ihr auf dem Ladentisch. Wir anderen, die wir anstanden und warten mußten, sagten, es dürfte gar nicht erlaubt sein, so zu hamstern.

Als ich dran war, hatte der Kaufmann nur noch eine Dose Sardinen übrig, und die kaufte ich. Natürlich in Tomatensoße, was mir nicht schmeckt, aber wenn die

Heimat in Gefahr ist, muß man über so was hinwegsehen.

Beim Hinausgehen sah ich, daß sich auf dem gegenüberliegenden Bürgersteig ein Volksauflauf gebildet hatte. Ich ging hinüber. Der Straßenfeger und Platzanweiser Petersen forderte die Leute auf, eine Resolution zu unterschreiben, in der gegen die friedensgefährdende Politik der Regierung protestiert wurde, die für das Geschehen verantwortlich zu machen sei, und gleichzeitig wurden höhere Löhne und kürzere Arbeitszeit verlangt.

Ich unterschrieb die Resolution, nicht weil ich was von einer kriegslüsternen Politik der Regierung wußte, aber weil ich auch gerne mehr Lohn und kürzere Arbeitszeit hätte.

Ich machte mich auf den Heimweg. Ich brauchte fast eine halbe Stunde, um durch die Stadt zu kommen, weil ich mich durch feldmarschmäßig ausgerüstete Leute mit Tornister durchdrängeln mußte und immer wieder stehenblieb, um die neusten fliegenden Untertassennachrichten zu hören.

Als ich mich meinem Haus näherte, das etwas außerhalb der Stadt liegt, sah ich den Nachbarsjungen am Gartenzaun stehen. Er sah verheult aus.

«Na, was ist los?» sagte ich. «Du brauchst keine Angst zu haben.»

«Ich habe keine Angst, sondern Kummer», sagte er.

«Und was für Kummer?»

«Mir ist ein Luftballon weggeflogen.»

«Wann denn?» Ich starrte ihn an.

«Heute vormittag.» Er fing wieder an zu weinen. «So'n schöner Luftballon, und plötzlich hab ich ihn aus Versehen losgelassen, und da ist er weggeflogen.»

Ich streichelte ihm den Kopf und sagte, er solle nicht mehr traurig sein. Um ihn zu trösten, gab ich ihm die Sardinen in Tomate. Dann ging ich rein zu meiner Frau und sagte, sie könne die Türen wieder aufschließen und die Kinder nach draußen zum Spielen schikken und man solle sich nie von einer allgemeinen Panik anstecken lassen.

Die Hornisse

Das Schlimmste am Sommer sind meiner Meinung nach die Hornissen. Hier, wo ich wohne, sind sie jedenfalls ungeheuer lästig, und wenn ich mich in den Liegestuhl lege, um mich zu sonnen, vergehen keine fünf Minuten, und es kommt eine und umfliegt mich. Daß ich bis jetzt noch nicht gestochen wurde, verdanke ich nur meiner Gewohnheit, auszurücken und dreimal rund um den Garten zu rennen. Das ist ein sicheres Mittel. Die Hornisse ermüdet und gibt ihr Vorhaben auf. Man muß natürlich achtgeben, nicht so schnell zu rennen, daß man die Hornisse überrundet und von hinten gegen sie rennt, das würde alles nur noch schlimmer machen.

Da schrieb neulich ein Zoologe oder sonstwer in der Zeitung, daß Hornissen in Wahrheit dufte Kumpel wären, die keinem was zuleide tun wollten. Wenn wirklich mal eine Hornisse einen Menschen angreife, so nur deshalb, weil dieser sie durch wildes Umsichschlagen oder wildes Davonrennen nervös gemacht hätte. Man solle ruhig sitzen bleiben. Dann würde nichts passieren.

Nun habe ich zu solchen Ratschlägen nicht viel Vertrauen, aber da ich der ewigen Laufereien müde war und da meine Frau behauptete, mein Davonstürmen sehe vollkommen idiotisch aus, beschloß ich, einen Versuch zu wagen, und als die nächste Hornisse kam, faßte ich Mut und blieb ruhig sitzen.

Das war ziemlich nervenzerfetzend. Die Hornisse zog mit unheimlichem Brummen enge Kreise um meinen Kopf. Am schlimmsten war es, wenn sie hinten im Genick herumbrummte, wo ich sie nicht sehen konnte, aber ich wagte nicht, den Kopf zu drehen, aus Angst, sie nervös zu machen. Im Gegenteil, ich lächelte immer freundlich, wenn sie sich vor meinem Gesicht aufhielt, in der Hoffnung, sie davon zu überzeugen, daß ich ein freundlicher Mensch sei, genauso gutmütig wie eine Hornisse.

Einige Minuten lang ging das gut, aber plötzlich geschah es. Ob mein Lächeln so unnatürlich war, daß das Tier den Eindruck gewonnen hatte, ich wolle es zum Narren halten, weiß ich nicht. Jedenfalls setzte es sich, ohne daß ich es verhindern konnte, auf meine Nase und jagte seinen Stachel hinein. Den Bruchteil einer Sekunde später war ich in wilder Flucht durch den Garten. Aber der Schaden war ja schon geschehen. Meine Nase schwoll an und sah binnen kurzem völlig unförmig aus, und ich mußte sofort zum Arzt, der eine lange, kostspielige Behandlung mit mir durchführte.

Deshalb habe ich die Ausreißerei wiederaufgenommen. Aber wenn ich mal nach Afrika komme, werde ich bestimmt niemandem Glauben schenken, der behauptet, daß Löwen keine Leute fressen, die ihnen scharf ins Auge blicken.

Der ewig währende Vertrag

Vor vielen Jahren war ich an einem Sommertag auf dem Weg über den Rathausplatz, in einer Angelegenheit, die mir längst entfallen ist, als mir plötzlich jemand auf die Schulter tippte. Ich wandte mich um, und derjenige welcher war ein gutgekleideter Fünfziger mit einer Aktenmappe unter dem Arm. Ich wüßte nicht, ihn jemals zuvor gesehen zu haben.

«Tag, Soeborg», sagte er und reichte mir die Hand, «was machen Sie hier?»

Eigentlich ging ihn das ja nichts an, aber ich war schon immer ein höflicher Mensch gewesen. Deshalb antwortete ich, daß ich nichts Besonderes täte.

«Haben Sie viel zu tun?» fragte er.

«Nein», sagte ich wahrheitsgemäß. Noch nie hat mich jemals jemand vielbeschäftigt angetroffen.

«Prima», sagte er, «ich habe auch ein paar Stunden Zeit. Kommen Sie auf einen Imbiß ins Tivoli?»

Dies war ein sehr verlockendes Angebot. Ich pflegte zu jener Zeit an einer Würstchenbude zu frühstücken, obwohl ich Würstchen verabscheute. Andererseits hatte er offenbar bei dieser Einladung einen Hintergedanken. Ich glaubte immer noch, den Mann nicht zu kennen, und ich weiß, daß ich so aussehe, daß manche Menschen der Versuchung nicht widerstehen können zu probieren, mich übers Ohr zu hauen. Vielleicht war er so einer.

«Ist das eine Einladung?» fragte ich, mich um einen scherzhaften Tonfall bemühend.

«Natürlich ist das eine Einladung», sagte er. «Wie wär's denn mit Garnelen und Schnaps?»

Na, das war ein Angebot! Ich überlegte einen Augenblick, konnte aber keinen Betrug darin entdekken, wenn mich jemand zu Garnelen und Schnaps einlud. Natürlich konnte er mich unter den Tisch trinken, um mich später auszurauben, aber da ich weniger als fünf Kronen besaß, konnte ich dieses Risiko ohne weiteres eingehen. Ich erwiderte, daß ich zu Garnelen nicht nein sagte.

Im Tivoli entschied er sich für eines der teuersten Restaurants und bestellte zwei doppelt belegte Schnitten und Bier und Schnaps für jeden von uns. Er wirkte überhaupt nicht wie ein Bauernfänger, und ich zerbrach mir den Kopf, woher er mich kennen sollte.

«Was machen Sie zur Zeit?» fragte er, während wir auf die Bestellung warteten.

Ich war damals aus einer ausgezeichneten Stelle gefeuert worden und schlug mich mit Büroarbeit für eine Dienststelle durchs Leben, während ich offiziell als Student der Staatswissenschaft immatrikuliert war. Dieses Studium hatte ich vor einigen Jahren begonnen, immer wieder unterbrochen und nach jeder Kündigung wiederaufgenommen. Leider hatte ich aus Geldnot alle meine Bücher verkauft, was mir natürlich das Studium erschwerte. Aber da Staatswissenschaft das allerlangweiligste Studium ist, machte das nichts.

Alles dieses brauchte der Mann ja nicht unbedingt zu wissen, so erzählte ich was von gewissen Studien an der Kopenhagener Universität.

«Und was wollen Sie nach dem Studium machen?» fragte er.

«Na, irgendeinen Job», antwortete ich.

Er sah mich eine Weile an. Dann sagte er plötzlich: «Könnten Sie sich vorstellen, in meiner Firma anzufangen?»

Ich hatte keine Ahnung, was er für eine Firma hatte, ich hatte nicht einmal gewußt, daß er eine hatte. Aber ich sah keinen Grund, ein Stellenangebot abzuschlagen. Ich sagte daher, das wäre gut möglich.

Er erklärte, die Sache wäre ein bißchen kompliziert. Seine Firma würde reorganisiert und erweitert, und bis dahin könnte er einen Mann gebrauchen, der ihm den täglichen Kleinkram abnehmen würde.

«Und ich glaube, Sie sind der richtige Mann dafür», sagte er.

Ich sagte, der Meinung sei ich auch.

Die Garnelen kamen, und während wir sie aßen, sprachen wir über Gott und die Welt. Ich versuchte mehrmals das Gespräch auf ein Thema zu bringen, bei dem er mir verraten würde, was er für eine Firma hatte, wo sie lag oder wenigstens wie er hieß und woher er mich kannte. Aber dies glückte mir nicht. Als wir uns einige Stunden später trennten, hatte ich immer noch keine blasse Ahnung, wer mein zukünftiger Arbeitgeber war, während er von mir meine Adresse und Telefonnummer bekommen und mir versprochen hatte, sich mit mir in Verbindung zu setzen, sobald er einen Überblick über die Situation hätte.

Als ich nach Hause kam und meiner Frau das Erlebte erzählte, meinte sie, meine Entschuldigungen, wenn ich zu spät nach Hause käme und nach Schnaps stänke, seien ihr viel zu blöd. Ich versuchte nicht, sie zu überzeugen, daß ich die Wahrheit sprach. Und nach einigen Tagen war ich selber der Meinung, daß man mich durch den Kakao gezogen hatte, selbst wenn es ein erlaubter Schabernack war, jemandem zum Spaß ein Frühstück zu spendieren. Ich plagte mich mit der Büroarbeit ab und mit meinen hypothetischen Studien und dachte nicht weiter über die Angelegenheit nach.

Eines Tages aber klingelte das Telefon, und ein Mann sagte, er wäre Schmidt.

Ich kannte keinen Schmidt, und als ich ihn darauf aufmerksam machte, sagte er: «Ich rufe nur an, um zu fragen, ob Sie immer noch an der Stellung interessiert sind.»

Ach! Er hieß Schmidt. Der Name sagte mir gar nichts, aber es war natürlich besser für mich, so zu tun, als ob ich ihn kannte. Ich sagte, ich hätte noch Interesse.

«Ich habe die Angelegenheit etwas schleifen lassen», erklärte er, «aber da ich gerade in der Stadt bin, wollte ich nur mal anrufen und Ihnen sagen, daß es dabei bleibt, damit Sie nicht eine andere Stelle annehmen.»

Der Gedanke, ich könnte irgendeine andere Stelle bekommen, war absurd, aber das sagte ich ihm natürlich nicht. Ich versprach ihm, bis auf weiteres keines der vielen anderen Angebote anzunehmen, vorausgesetzt natürlich, es würde sich nicht zu lange hinziehen.

«Höchstens noch einen Monat», sagte er. Dann wolle er sich wieder mit mir in Verbindung setzen.

Drei Wochen später rief er wieder an.

«Nun, sind Sie bereit, nach Jütland umzuziehen?» fragte er.

«Wieso nach Jütland?» fragte ich irritiert. Ich hatte keine Ahnung, wieso ich nach Jütland ziehen sollte.

«Sie wollen sich also nicht an mich binden», sagte er, und aus seiner Stimme war deutlich große Enttäuschung herauszuhören.

Seine Firma lag also in Jütland. Das wußte ich nun. Wenn ich oft genug mit ihm reden würde, könnte ich wohl zu guter Letzt herausfinden, worum es sich handelte.

Ich sagte, daß ich den Gedanken, eventuell für ihn zu arbeiten, noch nicht fallengelassen hätte, aber ich würde gerne ausführlicher Bescheid wissen, und das sah er vollkommen ein. Er war geschäftlich in Kopenhagen und würde morgen zurückfahren, aber wenn ich in seinem Hotel mit ihm zu Abend essen würde, könnten wir alles ausführlich besprechen. Ich war einverstanden, und zum vereinbarten Termin war ich in einem der besten Hotels der Stadt, wo Schmidt mich mit überströmender Herzlichkeit willkommen hieß.

«Es freut mich sehr, daß Sie immer noch interessiert sind», sagte er dankbar. «Allmählich fürchtete ich schon, Sie würden die Geduld verlieren, weil es sich länger hinzieht, als ich gedacht hatte. Ich bin nämlich vollkommen überzeugt, daß Sie der richtige Mann für mich sind», fügte er hinzu.

Das hatte er schon mal gesagt, und ich sah immer noch keinen Grund, ihm zu widersprechen, auch wenn ich nicht wußte, worauf seine Überzeugung basierte.

Schmidt spendierte mir ein herrliches Essen, und während wir aßen, lüftete er ein wenig den Schleier des Geheimnisses.

«Sie werden natürlich Prokurist», sagte er in einem Tonfall, als hätte ich mir das denken können, «und Ihnen untersteht in erster Linie der Einkauf.»

Ich nickte, während ich versuchte zu erraten, welche Waren ich wohl einkaufen sollte. Natürlich hätte ich ihn schon bei unserem ersten Treffen ausfragen sollen, aber da ich es damals versäumt hatte, erschien es mir nun zu spät, meine Unwissenheit einzugestehen. Ich mußte nur versuchen herauszufinden, wo in

Jütland seine Firma lag, um sie, wenn es darauf ankam, auch zu finden. Den Rest hoffte ich dann in Erfahrung zu bringen, wenn ich erst einmal Prokurist wäre.

«Sie müssen natürlich viele Geschäftsreisen machen», sagte er, «ich hoffe, das stört Sie nicht.»

Ich fragte, wo ich hinreisen müsse, und als er sagte, daß ich einen Teil meiner Zeit in Paris zubringen müßte, meinte ich, ich hätte nicht viel dagegen. Ich begann mich tatsächlich für die Stellung zu interessieren.

Bei Kaffee und Kognak kam Schmidt auch endlich auf mein Gehalt zu sprechen.

«Ich kann Ihnen leider kein besonders großes Anfangsgehalt bieten», sagte er, «ich wollte Ihnen fünfunddreißigtausend anbieten.»

«Fünfunddreißigtausend», echote ich und schüttete mir den Kognak auf den Schlips.

«Na ja, ich weiß natürlich, daß man Ihnen woanders viel mehr bietet», sagte Schmidt, «aber zu Ihrem Lohn kommen ja noch Tantiemen hinzu.»

«Na dann», sagte ich.

«Sie müssen ja einkalkulieren, daß wir vor der Erweiterung stehen, und der Mehrgewinn kommt Ihnen dann natürlich auch zugute. Wenn alles so läuft, wie ich es mir ausgedacht habe, stehen wir in einigen Jahren ganz anders da, und ich glaube nicht, daß Sie dann was bedauern müssen.»

Ich sagte, daß ich unter diesen Bedingungen die fünfunddreißigtausend akzeptiere, selbst wenn ich für einige Zeit meinen Lebensstandard herunterschrauben müßte.

Während der Fortsetzung des Gesprächs versuchte ich durch Schmidts Äußerungen herauszufinden, womit er eigentlich handelte oder wenigstens, wo seine Firma beheimatet war, aber er war offenbar ein Mann, der nur die große Linie sah und sich nicht für Details interessierte. Als ich mich verabschiedete, wußte ich immer noch nicht, ob ich nun mit Negerküssen oder Dieselmotoren handeln sollte und wo. Mein endgültiges Antrittsdatum stand leider auch noch nicht fest. Schmidt versprach, mir eine Wohnung in einer Siedlung zu verschaffen, da er Verbindung zur betreffenden Gesellschaft hätte.

Eine Woche später erhielt ich einen Brief, der lautete:

Sehr geehrter Herr Soeborg,
ich kann Ihnen eine Dreizimmerwohnung oder eine Vierzimmerwohnung besorgen, aber da die Differenz nur 75 Kronen pro Monat ausmacht, unterstelle ich, daß Sie die Vierzimmerwohnung vorziehen, und ich habe eine solche für Sie reserviert. Ich komme in Kürze nach Kopenhagen und rechne bei dieser Gelegenheit mit der Möglichkeit eines Treffens, bei dem wir das Datum Ihres Arbeitsbeginns und alles Weitere festlegen können.

Mit freundlichen Grüßen
Schmidt

Der Brief war auf neutralem Papier geschrieben, und es stand kein Absender drauf, aber aus dem Poststempel ging hervor, daß er in Aalborg aufgegeben worden war. Wahrscheinlich sollte ich also zukünftig in dieser Stadt arbeiten.

Als meine Frau den Brief las, glaubte sie zum ersten Mal, daß Schmidt wirklich existierte und daß ich die Verhandlungen mit ihm, von denen ich erzählt hatte, tatsächlich geführt hatte. Sie begann schon vom bevorstehenden Umzug nach Aalborg zu phantasieren und von unserem Zugang zu den besseren Kreisen. Was für ein Auto wir uns zulegen sollten, beschäftigte sie auch sehr.

«Du wirst ja zu den bedeutendsten Persönlichkeiten der Stadt gehören», sagte sie, «da kannst du dir kein Auto leisten, das zu wenig hermacht.»

Ich wandte ein, was mir im Moment am vordringlichsten wäre, sei das Problem, daß ich überhaupt keine Ahnung hätte, worauf das alles hinauslief. Mir schien es etwas kompliziert, den ganzen Einkauf unter mir zu haben, wenn ich doch keine Ahnung hatte, womit Schmidt eigentlich handelte. Aber darüber sah meine Frau großzügig hinweg.

«Das wirst du schon merken, wenn du dort bist», sagte sie. «Wenn das Lager zum Beispiel voller Eisenzeug ist, dann handelt er damit, und dann kaufst du eben Eisenzeug. Und wenn es was anderes ist, na, dann kaufst du eben das. Das kann doch nicht so schwer sein.»

Ich tröstete mich damit, daß sie wahrscheinlich recht hatte, und das Schlimmste, was mir passieren könnte, wäre ja nur eine Kündigung, und ich war ja schon oft gefeuert worden. Es würde schon klappen.

Zwei Wochen später war Schmidt wieder in der Stadt und lud mich zu einem Abendessen ein, um die letzten Details zu besprechen. Bei meiner Ankunft sah er bekümmert aus.

«Können Sie am Ersten anfangen?» fragte er.

Ich sagte zu, und er sah erleichtert aus.

«Ich muß Ihnen sagen, daß ich beim Arzt war», vertraute er mir an, «und der hat festgestellt, daß mein Herz überanstrengt ist.»

«Das ist ja weniger schön», sagte ich teilnahmsvoll.

«Nein», sagte er, «ich muß in Zukunft viel kürzer treten, und deshalb möchte ich, daß Sie so schnell wie möglich anfangen. Ich bin auch gezwungen, Ihnen mehr Arbeit zu übertragen, als ich mir eigentlich gedacht hatte. Dafür erhöhe ich mein Gehaltsangebot auf vierzigtausend plus Tantiemen.»

«Geht in Ordnung», sagte ich.

Während der restlichen Mahlzeit machte ich verzweifelte Versuche, Weiteres über Lage und Art der Firma zu erfahren, aber Schmidt redete nur noch von seinem Herzen.

«Plötzlich wird mir die Luft knapp», erklärte er, «und ich glaube, ich ersticke.»

«Ja, so was ist sehr ungemütlich», sagte ich.

«Ungemütlich? Ungemütlich ist gar kein Ausdruck!» Und er sprach immer weiter von seinem Leiden.

Als wir uns trennten, versprach mir Schmidt, daß ich in den nächsten Tagen von seinem Anwalt einen Vertrag mit den vereinbarten Bedingungen erhalten würde. Den solle ich unterschreiben, und er würde sich freuen, mich am Ersten begrüßen zu können. Als wir uns verabschiedeten, hatte ich noch immer keine Ahnung von seiner Firma, kannte aber dafür alle Symptome seiner Herzkrankheit.

Ich erhielt nie einen Vertrag von Schmidt und sah ihn nie wieder. Vielleicht ist er an einem Herzanfall gestorben. Aber wenn er noch lebt und vielleicht diese Zeilen hier liest, so will ich ihn nur darauf aufmerksam machen, daß ich nicht enttäuscht bin und immer noch an dem Job interessiert bin.

Im Zoo

Ich ging mit meinem Sohn Jens in den Zoo. Er interessierte sich sehr für die Tiere, aber genauso stark für die leeren Käfige und Gehege. Und ich mußte ihm immer vorlesen, was auf den Schildern stand.

«Was steht da?» fragte er und zeigte auf das Schild am leeren Giraffengehege.

«Giraffe», sagte ich.

«Warum ist die nicht da?» fragte er.

«Es ist zu kalt heute», erklärte ich, «sie würde sich erkälten.»

«Kann sich eine Giraffe erkälten?» fragte er. «Wie putzt die sich denn die Nase?»

«Überhaupt nicht», sagte ich, «die schnaubt nur.»

«Darf die das?» fragte er neidisch.

Wir gingen ins Giraffenhaus und bekamen die Giraffen zu sehen. Auf seinen Wunsch blieben wir eine halbe Stunde drin, denn er wollte absolut sehen, wie eine Giraffe schnaubte. Aber leider tat es keine.

Wir gingen weiter.

«Was steht da?» Er wies auf ein Schild an einem anderen leeren Gehege.

«Gnu», las ich.

«Was ist ein Gnu?» fragte er.

«Ein Tier», erklärte ich.

«Was für ein Tier?» fragte er weiter.

«Ein ganz gewöhnliches Tier», sagte ich unbestimmt, denn ich hatte keine Ahnung davon, was ein Gnu war. Vielleicht war ich krank gewesen, als wir das in der Schule gehabt hatten.

Jens war mit meiner Erklärung nicht zufrieden, deshalb gingen wir ins Haus und sahen uns das Gnu an.

«Das ist ja gar nicht gewöhnlich», sagte er.

«Ja, jetzt sehe ich es auch», sagte ich.

Während wir weitergingen, stritten wir uns heftig, ob ein Gnu ganz gewöhnlich sei oder nicht, ohne uns einigen zu können. Schließlich gaben wir es auf. Jeder soll nach seiner Fasson selig werden.

«Was steht da?» Jens zeigte auf ein Schild an einem kleinen Haus.

«Damen», sagte ich.

«Oh», sagte er überrascht, «darf ich rein und sie mir angucken?»

Stelzenonkel

Obwohl Lars Peter Jensen schon siebenundsechzig war, ging er täglich schwimmen, das ganze Jahr hindurch, bei jedem Wetter. Aus diesem Grund dachte er, er sei etwas Besseres.

Diese Gewohnheit hatte ihn in seiner Heimatstadt berühmt gemacht, und er hatte nichts dagegen.

«Ein richtiger alter Wikinger», sagten die Leute, als er an einem kalten Wintermorgen mit schnellen Schritten durch die Stadt ging und dem Bad im Freien zustrebte, ohne Mantel oder Jacke und mit offenem Hemd, so daß die behaarte Brust sichtbar war. Und Lars Peter streckte sich und fühlte sich selber wie ein alter Wikinger. Um die äußere Ähnlichkeit zu unterstreichen, hatte er sich einen Vollbart wachsen lassen, und der ging mit der Zeit bis auf die Brust. Er hatte eine unbestimmte graue Farbe angenommen, und Lars Peter glich nun wirklich sehr einem alten Wikinger, vorausgesetzt, daß die alten Wikinger so ausgesehen haben. Aber das soll ja so gewesen sein.

Die einzige, die das alles nicht großartig fand, war

Kristine, und sie hatte außerdem die unangenehme Eigenschaft, Lars Peters Frau zu sein.

«Du machst dich nur lächerlich», meinte sie.

«Schweig, Frau», sagte Lars Peter böse, «du solltest stolz darauf sein, einen Mann wie mich zu haben.»

«Du hast Ei im Bart», sagte sie.

Lars Peter entfernte irritiert das Eigelb und ging in den Garten. Ein tristes Leben, wenn man von der eigenen Frau nicht verstanden wird.

Aber auf die Dauer ließ Lars Peter sich von einer verständnislosen Frau nicht kleinkriegen. Er setzte sein Freibaden fort und überlegte, ob er nicht auch woanders seine Vitalität unter Beweis stellen könnte.

Eines Tages fand er ein paar alte Stelzen im Keller. Die hatten früher den Kindern gehört und lange Jahre unbenutzt herumgestanden. Aber nun holte Lars Peter sie raus und versuchte im Garten damit zu laufen.

Nach einigen Fehlversuchen glückte ihm das, und von da an wurden die Stelzen ein Teil seines Lebens. Täglich, wenn er vom Baden nach Hause kam, ging er im Garten ein wenig auf Stelzen. Dann wagte er sich nach draußen, und nach und nach konnte er überallhin auf Stelzen gehen, sei es nun baden, oder wenn Kristine ihn zum Kaufmann schickte oder wenn er in die Kneipe ging, ein Bierchen trinken.

Die Leute in der Stadt lächelten über ihn. Er imponierte ihnen aber trotzdem.

«Donnerwetter! Das in seinem Alter», sagten sie, wenn er auf seinen Stelzen vorbeistelzte.

Aber Kristine fand es fortwährend nicht sehr großartig.

«Du alter Narr», sagte sie, «einmal fällst du hin und brichst dir die Knochen.»

«Halt den Mund!» sagte Lars Peter böse. «Das machen mir in meinem Alter nicht viele nach.»

«Wozu auch?» fragte Kristine.

Aber eines Tages beschloß Lars Peter, dem ganzen Land einmal zu zeigen, was er für ein Kerl sei, und beim Frühstück eröffnete er ihr seinen Plan, daß er bis zur Hauptstadt laufen wolle.

«Wenn du dich unbedingt lächerlich machen willst – von mir aus», sagte Kristine.

«Du denkst wohl, ich schaffe das nicht?» fragte Lars Peter.

«Du hast ein Stück Tomate im Bart», antwortete Kristine.

Wütend entfernte Lars Peter das Stück Tomate. Daß sie ihn aber auch immer auf irgendwas in seinem Bart aufmerksam machen mußte! Das war nun mal so, wenn man einen Vollbart hatte. Den alten Wikingern war das wahrscheinlich genauso gegangen, ohne daß sie sich das ewige Genörgel ihrer Frauen anhören mußten.

Kristines Geringschätzung bestärkte ihn nur darin, ihr mal zu zeigen, was er für ein Kerl sei. Eine Woche lang trainierte er hart, und nach der Woche machte er sich eines Morgens zeitig, gleich nach dem Baden, auf die Stelzenreise in die Hauptstadt.

Wo er auch hinkam, erregte er großes Aufsehen. Man sah ja nicht jeden Tag einen vollbärtigen alten Mann auf Stelzen. Mit unglaublicher Geschwindigkeit eilte ihm die Nachricht von seiner Stelzenwanderung voraus, viel schneller, als er laufen konnte. Und überall standen neugierig starrende Menschen am Weg. Lars Peter glaubte Bewunderung in ihren Augen sehen zu können, und das gab ihm gewaltigen Auftrieb. Er vergaß jede Müdigkeit und legte einen Zahn zu.

Er konnte am ersten Tag ein halbes Dutzend Kilometer zurücklegen, und er war mit sich zufrieden. Wenn er die Geschwindigkeit halten konnte, könnte er am fünften Tag in Kopenhagen ankommen. Am Abend nahm er sich ein Zimmer im Gasthaus und ging nach dem Abendbrot zu Bett, um am nächsten Tag ausgeruht zu sein.

Während Lars Peter friedlich schlief, eilte das Gerücht von seiner Wanderung weiter und erreichte schon am Abend die Hauptstadt, und als er am anderen Morgen in die Gaststube herunterkam, war diese voller Menschen. Zum Teil waren es Neugierige, zum Teil Journalisten und Pressefotografen, die sich schnurstracks ins Zentrum des Ereignisses begeben hatten. Sobald sie ihn sahen, drängten sie sich um ihn, und Lars Peter mußte der Presse von der Wanderung und den Stelzen berichten, was ihm sehr recht war. Und er redete und redete. Er erzählte nicht nur, was zur Sache gehörte, sondern doppelt soviel und viel völlig uninteressantes Zeug. Und dabei weidete er sich im Innern die ganze Zeit an Kristines Verblüffung, wenn sie über ihn was in der Zeitung lesen würde. Danach mußte er sich in Positur stellen und wurde von allen Seiten fotografiert, mit und ohne Stelzen. Es dauerte mehrere Stunden, bis er weiterstelzen konnte. Aber als er sich endlich loseisen konnte, folgte ihm eine große Menge im Auto, auf dem Fahrrad oder zu Fuß.

In den folgenden Tagen ging eine Woge der Begeisterung durch das Land. Alle Zeitungen hatten resolut die unwichtigen Meldungen über drohende Kriegsgefahren an diesem und jenem Ort gestrichen, um die neuesten Berichte von Lars Peters Stelzenwanderung bringen zu können. Eine Zeitung gab ihm den freundlich gemeinten Namen «Stelzenonkel», und diesen Namen griffen sofort alle auf. Täglich fand man nun auf der Titelseite der Zeitung alles über den Stelzenonkel, was er aß, was er trank und wie er es gelernt hatte, auf Stelzen zu gehen, nebst klugen Bemerkungen des Stelzenonkels. Kluge Bemerkungen waren eigentlich nicht Lars Peters starke Seite, aber gedruckt machten sie sich ganz gut.

Lars Peter absolvierte seine Tagesmärsche programmgemäß, vom Jubel der Menge getragen, wie eine Zeitung schrieb, und wie vorausberechnet kam er am fünften Tag nach Kopenhagen. Die Hauptstadt war an diesem Tag in Feststimmung, schon von morgens früh an standen die Leute Spalier in den Straßen, durch die er stelzen würde, und auf dem Rathausplatz war so ein Gedränge, daß keine Stecknadel zu Boden fallen konnte. Geduldig warteten die Menschen auf seine Ankunft. Viele hatten die ganze Nacht hindurch dort gewartet, und am Tage war dort ein geradezu lebensgefährliches Gedränge. Aber alle ertrugen es mit Geduld und einem Scherz auf den Lippen, wie eine Zeitung am nächsten Tag schrieb. «Dies war einer der Tage, an dem sich das ganze Volk wie eine einzige große Familie fühlte, wo Arbeiter und Direktor wie Brüder Seite an Seite standen.»

Am Vormittag wurde die Geduld der Wartenden belohnt.

«Er kommt, er kommt!» rief man plötzlich. Alle drehten die Köpfe, und da kam der Stelzenonkel durch zwei dichte Menschenmauern, die kaum von der Polizei im Zaum gehalten werden konnten, angestelzt.

Zugleich brach ein tosender Jubel los, und Lars Peter streckte sich und versuchte, wie ein Wikinger auszusehen. Aber er mußte wohl eine falsche Bewegung gemacht haben, denn plötzlich gerieten die Stelzen durcheinander, und hastdunichtgesehen lag er am Boden und die Stelzen auf ihm drauf. Er lag einen Augenblick da, dann faßte er sich und stand unverletzt, aber wegen des Mißgeschicks verärgert, auf.

«Hör auf zu schubsen», sagte er wütend zum nächsten Polizisten, der ihn überhaupt nicht berührt hatte. Der Polizist lächelte nur und half ihm wieder auf die Stelzen, damit er noch die letzten hundert Meter bis zum Rathaus stelzen konnte.

Das erste, was Lars Peter ins Auge fiel, als er sich der Rathaustreppe näherte, wo ein Empfangskomitee mit dem Bürgermeister an der Spitze wartete, war Kristine oder die Stelzentante, wie die Zeitungen sie getauft hatten. Ohne Rücksicht auf ihre wütenden Proteste hatte man sie in die Stadt gebracht, damit sie dem Triumph ihres Mannes beiwohnen könnte. Als man Lars Peter neben sie auf die Treppe stellte, so daß alle das Paar sehen konnten, brach wieder Jubel los, und die Blitzlichter der Pressefotografen blitzten.

Lars Peter beugte sich zu Kristine herunter.

«Was sagst du nun, Schätzchen?» brüllte er ihr ins Ohr.

«Mensch, hast du idiotisch ausgesehen, als du dich mit den Stelzen am Boden gewälzt hast», schrie sie ihm ins Ohr.

Die Menge konnte wegen des Lärms diese Bemerkungen nicht hören und glaubte an liebevolle Zärtlichkeiten. Der Jubel der Menge steigerte sich bis zur Ekstase, und viele Augen füllten sich mit Tränen, wenigstens in den Zeitungen des nächsten Tages.

Dann trat der Bürgermeister vor, und in kurzen, aber gewählten Worten hielt er eine Laudatio auf den Stelzenonkel, auf die einzigartige Großtat, die, wie er sagte, ein Lichtzeichen in dunkler Zeit wäre.

«Unser Land braucht Leute Ihres Schlages, Stelzenonkel», schloß er, ohne näher zu erläutern, wozu man sie brauchte.

Nach der Ansprache des Bürgermeisters folgten

Hurrarufe der Menge, die dann spontan die Nationalhymne anstimmte. Danach dankte Lars Peter für den einzigartigen Empfang, den man ihm bereitet habe und der eine reichliche Belohnung für alle Strapazen sei, die er in den letzten Tagen auf der Landstraße erduldet habe.

Danach begann er mit einem längeren Palaver, daß man seine Stelzentour im großen Zusammenhang sehen müsse und als Symbol für dies und das, und obwohl kein Aas verstand, was er meinte, fanden seine «schlichten Worte» doch Resonanz in der Menge, und erneut erklangen Bravorufe.

Die Blitzlichter der Pressefotografen blitzten wieder auf, und die Reporter scharten sich um Lars Peter und kritzelten eifrig auf ihre Blöcke, was er von sich gab: daß, wenn alle Menschen lernen würden, auf Stelzen zu gehen und im Winter freibadeten, die Welt ganz anders aussehen würde, die Völkerverständigung dann besser wäre und Kriege vermieden werden könnten.

Endlich war der Empfang beendet, und Lars Peter wurde in ein Hotel gefahren, damit er sich umziehen und sich ausruhen könne vor dem 75-Kronen-Essen, das die Stadtverwaltung ihm zu Ehren arrangiert hatte und zu dem die Stadträte und die Mehrzahl der Parlamentsabgeordneten eingeladen waren. Am nächsten Tag reiste er zusammen mit Kristine im Zug zurück in die Heimatstadt, wo sie mit nicht geringerer Begeisterung als in der Hauptstadt empfangen wurden, wo der Bürgermeister eine Ansprache hielt und dasselbe sagte, was der Bürgermeister in Kopenhagen gesagt hatte, und danach waren Lars Peter und Kristine wieder Ehrengäste und auf Kosten des Steuerzahlers zum Mittagessen eingeladen.

Danach kehrte Lars Peter wieder in den Alltag zurück. Aber er war ein anderer als vorher. Er hielt sich noch gerader als vorher, und das Wikingerhafte trat noch deutlicher hervor. Aber Kristine imponierte das immer noch nicht.

«Hör auf, dich wichtig zu machen, weil du dich mit deinen Torheiten in den Mittelpunkt gestellt hast!» sagte sie. «In ein paar Tagen schreibt keine Zeitung mehr über dich.»

«Schweig, Weib!» rief er verbittert. «Eine Tat wie meine vergißt man nicht so schnell.»

Das wäre auch normalerweise nicht der Fall gewesen, aber zwei Tage nach Lars Peters Heldentat füllte ein anderes Ereignis die Titelseiten der Zeitungen und drängte alles andere in den Hintergrund. Ein bis dahin völlig unbekannter Mann hatte unerwartet alle Konkurrenten besiegt und war Weltmeister im Tischtennis geworden.

«Blödsinn», knurrte Lars Peter verärgert, als er dies las. «Als ob das was wäre zum Angeben.»

«Du hast Leberpastete im Bart», sagte Kristine.

Wie funktioniert das, Vater?

Ich und meine Frau waren uns einig, daß Jens nun in das Alter gekommen war, in welchem man ihn in die Geheimnisse der Fortpflanzung einweihen müßte, und meine Frau fand es am besten, wenn ich diese Aufgabe übernehmen würde. Deshalb rief ich eines Abends den Jungen nach dem Abendbrot zu mir.

«Jens», sagte ich, «ich möchte dir etwas erklären, etwas, über das du sicher schon selber nachgedacht hast.»

«Ja», sagte Jens, «ich weiß schon, was du meinst.»

«Ausgezeichnet», sagte ich, «du willst nun gerne wissen, wo die kleinen Kinder herkommen, und nun will ich –»

«Och», sagte er enttäuscht. «Ich dachte, du wolltest mir erklären, wie unser neuer Elektroherd funktioniert.»

«Das heben wir uns für ein andermal auf», sagte ich. «Nun hör gut zu! Hast du schon mal gesehen, wie die Bienen von einer Blume zur anderen fliegen?»

«Die Skala mit den Knöpfen zum Dran-Drehen», fragte Jens, «wozu issen die?»

«Skala mit Knöpfen?» fragte ich erstaunt. Dann wurde mir klar, daß er den Elektroherd meinte. «Das ist ein Thermostat», erklärte ich. «Aber nun hör zu! Wenn die kleine Biene –»

«Was ist ein Thermostat?» fragte Jens.

«Der reguliert die Wärme. Aber davon reden wir jetzt nicht. Also, wenn die kleine Biene –»

«Wie reguliert der die Wärme?» fragte Jens, der sich offenbar wenig für Bienen interessierte.

«Was weiß ich», erwiderte ich kraftlos. «Kannst du nicht auf das hören, was man dir sagt? Also wenn die Biene –»

«Was ist, wenn die rote Lampe brennt?» fragte er unbeirrt.

«Das bedeutet, daß die Biene noch nicht warm genug ist – äh, der Herd natürlich.»

«Woher weiß die Lampe das?»

«Es hat keinen Zweck, mich danach zu fragen», sagte ich irritiert. «Was weiß ich, wie die blöde Lampe funktioniert! Wenn es dich so sehr interessiert, geh doch nach unten und frag den Elektriker!»

In dem Augenblick kam meine Frau ins Zimmer.

«Na, hast du ihm die Sache erklärt?» fragte sie und sah Jens an.

«Nee», sagte Jens verächtlich, «er weiß es ja selber nicht. Er sagt, der Elektriker kann es mir erklären.»

«Der Elektriker?» Meine Frau sah mich an und

schüttelte hoffnungslos den Kopf. «Ehrlich gesagt, manchmal zweifle ich dran, ob du völlig normal bist.»

Ich nahm mir die Abendzeitung und verzichtete auf Erklärungsversuche. Vater werden ist nicht schwer, Vater sein dagegen sehr.

Ein gemütlicher Abend

Es war Silvester, und ich verbrachte den Abend bei einem Molkereidirektor in einem kleinen Dorf in Jütland.

«Sie müssen nicht einen riesigen Schwarm Leute erwarten, wie Sie es von der Hauptstadt her gewöhnt sind», hatte er gesagt, als er mich einlud. «Es wird ein friedlicher und hoffentlich gemütlicher Abend werden.»

Der Abend schien wirklich ungewöhnlich gemütlich zu werden. Wir waren nicht sehr viele. Da war ein Lehrer mit seiner Frau und ein Bauer mit seiner Frau, und dann war da noch die Schwiegermutter des Lehrers. Alles nette und gemütliche Menschen, vielleicht mit Ausnahme der Schwiegermutter. Sie hatte zwar nichts Bösartiges an sich, aber sie war schon ziemlich senil und konnte sich offenbar nur auf zwei Arten ausdrücken. Entweder sagte sie: «Hä, hä, hä» oder etwas, das sich anhörte wie «gnäck, gnäck, gnäck», und diese Laute äußerte sie oft und völlig unmotiviert. Zuerst wirkte das verblüffend. Aber dann gewöhnte man sich daran und nahm es nicht weiter zur Kenntnis.

Wir hatten ausgezeichnet zu Abend gegessen, und später saßen wir am Tisch, machten es uns bei Kaffee, Kognak und Likör gemütlich und warteten darauf, daß es zwölf Uhr wurde.

Plötzlich hörten wir ein Gepolter in der Diele, gleich darauf ging die Tür auf, und ein wildfremder Mann kam in die Stube. Er war recht gut gekleidet, hatte einen gediegenen Mantel an und eine Aktentasche in der Hand. So auf Anhieb hätte man ihn als Vertreter eingeschätzt.

Der Mann blieb in der Tür stehen und breitete jovial die Arme aus.

«Guten Tag, alle miteinander», rief er. «Verzeihung, wenn ich hier einfach so reinplatze. Aber auf dem flachen Land ist das ja wohl üblich. Stimmt's?»

«Glauben Sie, daß der ganz nüchtern ist?» flüsterte mir die Frau des Lehrers zu.

«Nein», sagte ich.

«Äh!» Der Molkereidirektor erhob sich und wollte etwas sagen, aber der Fremde kam ihm zuvor.

«Emil Jensen», stellte er sich vor. «Andreas hat Sie wohl auf mein Kommen vorbereitet.»

«Andreas?» Der Molkereidirektor sah ihn fragend an.

«Ja, ja», sagte der Mann, «der gute, alte Andreas. Der ist jetzt sicher schon voll wie 'ne Haubitze.»

«Hä, hä, hä», meckerte die Schwiegermutter des Lehrers, und der Fremde lächelte sie freundlich an.

«Gestatten Sie, daß ich ablege?» fragte er, wartete

die Antwort nicht ab, sondern warf einfach Mantel und Hut aufs Sofa und kam zu uns an den Tisch.

«Ich gehe nicht rum und reiche jedem die Flosse», sagte er und machte eine Begrüßungsgeste für die gesamte Gesellschaft. Und schon saß er auf einem Stuhl neben dem Lehrer.

Wir waren alle völlig überrascht, und einen Augenblick lang herrschte peinliches Schweigen.

«Ich hoffe, ich störe nicht», unterbrach der Mann die Stille. «Ich sehe, Sie haben es hier so richtig gemütlich.» Er warf einen sehnsüchtigen Blick auf die Kognakflasche.

«Möchten Sie ein Täßchen Kaffee, Herr äh...», fragte die Dame des Hauses, die es nicht fertigbrachte, gastfeindlich zu sein.

«Emil», sagte der Mann, «sagen Sie einfach alle nur Emil zu mir.» Er blickte in die Runde, als ob er erwartete, uns alle wegen dieses Gunstbeweises strahlen zu sehen. «Nein, danke. Keinen Kaffee», sagte er dann, «aber vielleicht ein Gläschen Kognak.»

Der Molkereidirektor holte ein Glas und schenkte ein.

«Gnäck, gnäck, gnäck», mümmelte die Schwiegermutter des Lehrers plötzlich. Emil sah sie erstaunt an.

«Was will sie damit sagen?» fragte er.

«Äh», sagte der Molkereidirektor, «Sie müssen nicht denken, daß Sie uns nicht willkommen sind, aber –»

«Skol», sagte Emil und hob sein Glas. «Besten Dank

dafür, daß ich Ihnen willkommen bin.» Er leerte das Glas in einem Zug. «Ausgezeichneter Kognak», sagte er und nickte dem Hausherrn anerkennend zu, der verwirrt etwas von «nichts Besonderes» murmelte.

«Na ja, selbstverständlich ist es kein Superkognak. Aber er läßt sich trinken.» Um zu zeigen, wie er das meinte, schenkte er sich selbst ein zweites Glas ein.

«Ja, also ich wollte sagen», versuchte es der Molkereidirektor noch einmal, «ich will ja nicht unfreundlich sein, aber –»

«Nee», sagte Emil, während er das Glas leerte. «Als Andreas hörte, daß ich Silvester hier in der Gegend verbringen müßte, sagte er: ‹Das ist doch viel zu trist für dich, an Silvester allein in einem Hotelzimmer zu sitzen. Geh zum Bakkehof –›»

«Bakkehof?» fragte der Molkereidirektor verwundert.

«Ja. ‹Geh zum Bakkehof›, sagte er. ‹Das sind nette Leute. Die werden sich freuen, dich zu sehen. Ich werde Bescheid sagen, daß du kommst.› Na und hier bin ich.»

«Äh», fing der Molkereidirektor wieder an, «es ist nicht, weil –»

«Skol, alle Mann!» Emil hob sein Glas und sah fröhlich in die Runde. «Was für ein schöner, gemütlicher Abend!»

«Hä, hä, hä», krähte die Schwiegermutter des Lehrers.

«Was will denn die wieder?» Emil starrte sie an.

Der Molkereidirektor machte dem Lehrer Zeichen, ob er nicht mal sein Glück versuchen könnte. Der Lehrer nickte beruhigend. Er würde das schon machen.

«Mein Herr», begann er feierlich, «das Ganze ist ein bedauerlicher –»

«Möchten Sie eine Zigarre?» Emil reichte ihm sein Zigarrenetui, und der Lehrer nahm sich automatisch eine. Emil schnitt die Spitze ab und gab ihm Feuer. Eine Sekunde später knallte es, und der Lehrer saß mit einem Zigarrenrest und Tabakkrümeln im Gesicht da.

Emil schlug sich lachend auf die Schenkel.

«Da haben Sie aber einen Schreck gekriegt», sagte er. «So 'ne Zigarre habt ihr hier auf dem platten Land bestimmt noch nie gesehen.»

«Nein, haben wir nicht», sagte der Bauer nachdrücklich.

«Na, scheiß drauf», sagte Emil. «Darauf müssen wir einen trinken.» Er füllte sein Glas und das des Lehrers. «Trinken wir Brüderschaft! Wie heißt du?»

«Asger», sagte der Lehrer, völlig aus dem Konzept geraten.

«Skol, Asger!» Emil trank aus.

Nun war der Bauer mit dem Versuch an der Reihe, den Irrtum aufzuklären.

«Hören Sie mal», begann er, «Sie sind hier völlig verkehrt. Hier ist –»

«Jetzt werde ich erst mal für Stimmung sorgen», sagte Emil und erhob sich. Er ging zu seiner Aktentasche und zog einen Stapel Papiermützen heraus, von denen er jedem von uns eine auf den Kopf setzte.

«Gnäck, gnäck, gnäck», sagte die Schwiegermutter des Lehrers, als er ihr eine Matrosenmütze aufsetzte. Emil starrte sie wieder an.

«Die ist schon ganz schön blau, was?» sagte er.

Eine Stunde lang versuchten wir einer nach dem anderen, Emil klarzumachen, daß er hier verkehrt war. Aber es gelang uns nicht. Er war so damit beschäftigt, uns zu unterhalten, daß er einfach nicht zuhörte, und seine Tasche war voll von Scherzartikeln und Überraschungen.

Der Höhepunkt kam, als er eine mächtige Bombe mitten auf den Tisch stellte und sie anzündete. Sie explodierte mit einem fürchterlichen Knall, atomisierte drei Kristallgläser und brannte ein großes Loch in die Tischdecke. Aber das machte keinen großen Eindruck auf Emil.

«Na so was Komisches», sagte er. «Das ist mir ja noch nie passiert. Probieren wir eben die nächste.»

Bevor ihn jemand daran hindern konnte, hatte er eine neue Bombe angezündet, die genausoviel Schaden anrichtete wie die erste.

«Die spielen heute abend verrückt», grinste er. «Aber macht nichts. Andreas wird sich totlachen, wenn ich ihm das erzähle.»

Aber nun hielten wir es nicht mehr aus. Jetzt reichte es uns. Plötzlich erhob sich der Bauer und schlug mit der Faust auf den Tisch.

«Jetzt ist aber genug!» schrie er. «Wir kennen keinen Andreas, von dem Sie da immer faseln! Und hier ist auch nicht der Bakkehof, sondern die Molkerei!»

«Hier ist die Molkerei?» Emil sah uns erstaunt an. «Ja, woher soll ich denn das wissen? Dann bin ich hier ja völlig verkehrt! Ich hoffe, ich habe Ihnen keine Unannehmlichkeiten bereitet.»

Keiner antwortete. Der Bauer nahm nur Emils Mantel und half ihm hinein. «Ich werde Ihnen den Weg zum Bakkehof zeigen», sagte er nicht besonders freundlich und schubste Emil fast aus der Stube.

Wir anderen blieben etwas verwirrt zurück, denn keiner von uns hatte je gehört, daß es hier in der Gegend einen Bakkehof gab.

Als der Bauer zurückkam, fragten wir ihn neugierig, wo er Emil denn hingeschickt habe.

«Na», sagte er, «ich habe ihm gesagt, er soll erst den schmalen Pfad entlanggehen und dann rechts und dann wieder links.»

«Aber da landet er ja im Gebüsch», rief der Lehrer aus.

«Na und?» antwortete der Bauer. «Reden wir nicht mehr davon!»

Es dauerte eine Weile, bis die gute Stimmung wiederkam. Ein neues Tischtuch wurde aufgelegt und die Glasscherben entfernt. Der Molkereidirektor holte eine Flasche Portwein und füllte unsere Gläser. So waren wir bereit, auf das neue Jahr anzustoßen.

Aber plötzlich, einige Minuten vor Mitternacht, war wieder Rabatz in der Diele. Wir sahen uns nervös an. Doch nicht etwa ...

Bevor es jemand aussprechen konnte, ging die Tür auf, und Emil kam rein.

«Tach, alle zusammen», rief er munter. «Ich bin Emil Jensen, wie Ihnen Andreas schon gesagt hat. Verzeihung, daß ich so spät komme. Aber ich habe mich verlaufen und die meiste Zeit bei irgendwelchen Idioten verbracht, in irgend so einer saublöden Molkerei. Bis ich endlich merkte, daß ich da verkehrt war ...»

«Gnäck, gnäck, gnäck», meckerte die Schwiegermutter des Lehrers, und im selben Augenblick schlug es zwölf.

Der Kanarienvogel

Eines Vormittags, als ich beschäftigt am Schreibtisch saß, wurde plötzlich die Tür aufgerissen, und meine Frau kam im Bademantel, mit Lockenwicklern im Haar und mit einem wilden Ausdruck im Gesicht ins Zimmer gerast.

«Ach, wie schrecklich», sagte sie mit weinerlicher Stimme, «der Kanarienvogel ist aus dem Fenster geflogen und sitzt draußen im Garten. Ich kann in meinem Aufzug nicht raus. Versuch du mal, ihn zu fangen!»

Ich machte keinen Versuch zu protestieren, nahm ein Handtuch und ging mit einem resignierten Seufzer in den Garten, wo ich nach einigem Suchen den Kanarienvogel in einem Busch entdeckte.

Vorsichtig schlich ich mich an den Busch heran, und als ich glaubte, nahe genug dran zu sein, warf ich das Handtuch darüber. Aber natürlich war ich viel zu langsam. Denn als sich das Handtuch über den Zweig legte, saß der Vogel schon in einem anderen Busch und sah mich verängstigt an.

Ich machte einen zweiten Versuch mit dem gleichen Ergebnis. Danach wurde ich wild. Ich raste wie ein

Irrer durch die Büsche und warf das Handtuch. Natürlich gelang es mir nicht, den scheuen Vogel zu fangen.

Als ich einen Moment stehenblieb, um Luft zu schöpfen, entdeckte ich, daß einige Arbeiter, die seit Tagen eifrig versuchten unseren Weg zu zerstören, an den Gartenzaun gekommen waren, von wo aus sie interessiert meine Jagd verfolgten. Ich starrte sie ärgerlich an.

«Is was?» fragte ich spitz.

«Na ja», sagte einer. «Wir möchten bloß mal wissen, was Sie da eigentlich machen.»

«Ich versuche, einen Kanarienvogel zu fangen», sagte ich ärgerlich.

«Aha», sagte der Mann und stieß seine Kollegen an, «wieviel Kanarienvögel fangen Sie denn da so am Tag?»

Ich hatte keine Lust, diese Frage zu beantworten, sondern nahm die Jagd wieder auf, aber ohne Ergebnis. Plötzlich stolperte ich und fiel mit einem Plumps auf den Bauch.

«Vorsicht! Zerdrücken Sie keine Kanarienvögel», rief einer der Männer warnend.

Ich ignorierte den Einwurf, rappelte mich auf und probierte weiter mein Glück. Leider war der Vogel so unverschämt, sich immer so hinzusetzen, daß die Männer ihn nicht sehen konnten.

Ob ich nun allmählich mehr Übung bekam oder ob der Vogel ermüdete, weiß ich nicht. Jedenfalls, als ich schon aufgeben wollte, glückte es mir irgendwie, das

Handtuch über den Vogel zu werfen. Schnell packte ich zu, und sehr erleichtert trug ich die Beute ins Haus.

«Na, haben Sie ihn gefangen?» fragte der Arbeiter.

«Ja», sagte ich.

«Kann ich mal sehn?»

«Nein», sagte ich, «dann fliegt er weg.»

«Ach ja, natürlich», sagte der Mann und stieß wieder seine Kollegen an.

Meine Frau war sehr erfreut, als ich mit dem Tier ankam. Zur Belohnung ersparte sie mir den Abwasch und gab mir nur ein Laken in die Hand, um es draußen aufzuhängen.

Die Männer hatten ihre Arbeit wiederaufgenommen, aber als sie mich herauskommen sahen, standen sie sofort wieder am Gartenzaun. Als ich das Laken entfaltete, starrte mich der Wortführer erst an und wandte sich dann an seine Kameraden: «Los, hin! Jetzt fängt er einen Papagei!»

Alfred

Der kleine Ib traf Alfred zum ersten Mal, als er auf einem Dreirad einen Feldweg entlangfuhr, den er vorher noch nie befahren hatte. Alfred stand plötzlich vor ihm. Alfred hatte ein altes, schmutziges Hemd an und war barfuß in Schuhen, die so kaputt waren, daß die Zehen herausschauten. Und sein Gesicht war überall bärtig. Ib blieb stehen und glotzte mit einer Mischung aus Furcht und Neugierde auf den wunderlichen Mann.

«Hast du Glotzaugensuppe zu Mittag gefressen?» fragte Alfred.

«Nein, ich habe überhaupt noch nicht zu Mittag gegessen.» Ib verstand nicht, warum der Mann wissen wollte, was er zu Mittag gegessen hatte.

«Aha, nur gefrühstückt.» Alfred grinste, und Ib konnte sehen, daß er nur zwei Zähne hatte, einen oben und einen unten. Das imponierte ihm.

«Bist du auf der Walz?» fragte Alfred.

«Ich will zum Sumpf.» Ib wußte nicht, was Walz war.

«Dann können wir ja zusammen gehen. Da wohne ich», sagte Alfred freundlich.

«Da unten im Sumpf?»

«Na, so in der Gegend.»

Sie gingen zusammen den Feldweg entlang. Das heißt, Ib fuhr mit seinem Dreirad, und Alfred trabte nebenher. Hinter einer Wegbiegung lag ein sehr kleines Haus.

«So, hier wohne ich», sagte Alfred. «Mach's gut.»

«Hier wohnst du?» Ib starrte auf das kleine Haus.

«Na klar wohne ich hier. Willst du reinkommen und mich besuchen?»

Ib wußte, daß er nicht mit Fremden mitgehen sollte, aber Alfred war so interessant, daß er ja sagte.

Alfreds Haus bestand aus einem Raum. An einer Wand stand ein Bett, keines mit Laken wie Ibs Bett, nur mit einem alten Federbett. Ansonsten gab es nur noch einen alten Tisch und zwei Stühle.

«Ja, so sieht mein Schloß also aus.» Alfred setzte sich an den Tisch. «Du kannst dich ruhig hinsetzen, wenn du willst.»

Ib setzte sich auf den anderen Stuhl. «War das hier wirklich mal ein Schloß?» Ib war immer mehr beeindruckt.

Auf dem Tisch stand eine Flasche. Alfred zog den Korken raus und trank ein paar Schluck.

«Was trinkst du da?» fragte Ib.

«Fruchtsaft.» Alfred strich sich den Bart.

Ib sagte, daß er zu Hause auch Fruchtsaft bekäme.

«Hast du hier keine Angst, wenn es dunkel ist?» fragte Ib, nachdem er Alfred einige Zeit bewundernd angestarrt hatte.

«Angst?» Alfred sah ihn an und grinste. «Nee, wenn einer was will, kriegt er was hiermit.» Er ballte die Fäuste und beugte die Arme, so daß Ib die schwellenden Muskeln unter dem Hemd sehen konnte.

«Du kannst wohl jedem eins in die Fresse hauen?» fragte er.

«Jedem», behauptete Alfred.

«Aber nicht Gott und Tarzan», sagte Ib.

«Nee», gab Alfred zu, «das sind vielleicht die zwei Ausnahmen.»

Alfred hatte eine Tischschublade geöffnet und ein Stück Holz und ein Messer hervorgeholt. Er begann zu schnitzen und nahm ab und zu einen Schluck Fruchtsaft.

Ib saß da und sah entzückt dem schnitzenden Alfred zu. Während des Schnitzens erzählte er Geschichten von wilden Tieren und Königen und Kaisern, die er besucht hatte. Er wußte eine Menge und konnte eine Menge. Er konnte mit den Ohren wakkeln und mußte das dem kichernden Ib immer wieder vormachen.

«Wo wohnst du eigentlich?» fragte Alfred.

Ib erzählte, wo er wohnte.

«Was ist dein Vater?»

Die Frage machte Ib verlegen, und er wußte nicht, was er sagen sollte. Er genierte sich Alfred gegenüber zuzugeben, daß sein Vater so einer war, der nur in einer Bank saß und Zahlen schrieb.

«Mein Vater ist Lokomotivführer», sagte Ib.

«So, Lokomotivführer», sagte Alfred. «Da hast du 'nen prima Vater.»

Ib dachte an seinen Vater, der in der Bank saß und keine Schiffe schnitzen konnte und alle Zähne und keinen Bart hatte. Der war überhaupt nicht mit Alfred zu vergleichen.

«Ich muß jetzt nach Hause», sagte er, «aber ich komme morgen wieder.»

«Na, wirklich?» Alfred grinste so, daß man seine zwei Zähne sehen konnte. Ib starrte verlegen auf die zwei Zähne und überlegte, wie er seine überflüssigen Zähne loswerden könnte, damit er auch nur zwei hätte. Er wollte Alfred ein andermal danach fragen.

Als er nach Hause kam, fragte ihn seine Mutter, wo er den ganzen Nachmittag gewesen wäre.

«Ich habe mit einem gespielt, der Alfred heißt», sagte Ib.

«Das ist gut, daß du einen Spielkameraden gefunden hast», sagte seine Mutter. «Ist er ein netter Junge?»

Ib hatte nie verstanden, woran gemessen wurde, ob ein Junge nett ist oder nicht, aber er ahnte, daß seine Mutter Alfred nicht in die Kategorie der netten Jungen einordnen würde.

«Ja, er ist nett», bestätigte er, weil er wußte, daß er Alfred sonst nicht mehr besuchen dürfte.

Von diesem Tag an entstand eine herzliche Freundschaft zwischen Ib und Alfred. Ib besuchte Alfred fast jeden Tag. Sie gingen in den Sumpf, wo Alfred ihm Vogelnester zeigte und ihm Flöten schnitzte, oder sie saßen im Haus, und Alfred arbeitete an seinem Schiff und wackelte mit den Ohren oder machte Zauberkunststückchen. Alfred konnte ein Geldstück in der Luft verschwinden lassen und es dann aus Ibs Nase wieder hervorziehen. Ib wünschte, Alfred wäre sein Vater.

Ibs Mutter freute sich, daß Ib einen Spielgefährten gefunden hatte. Hauptsache war natürlich, daß er ein netter Junge war.

«Was ist denn Alfreds Vater?» fragte sie eines Tages.

«Alfred hat keinen Vater», erwiderte Ib.

«Der Ärmste», sagte seine Mutter.

Schließlich wurde Ibs Mutter klar, daß Alfred arm sein mußte. Das störte sie etwas, denn nach ihrer Meinung waren arme Jungen nicht so nette Leute wie andere Jungen. Aber wenn Ib nur schön mit ihm spielte. Sie begann damit, Ib Kuchen und anderes für Alfred mitzugeben.

«Das ist wirklich nett von deiner Mutter.» Alfred mümmelte den Kuchen und spülte ihn mit Fruchtsaft hinunter. Er ist ganz verrückt nach Fruchtsaft, dachte Ib.

Eines Tages kramte Ibs Mutter einen großen Teil seines ausrangierten Spielzeugs hervor und gab es ihm für Alfred mit.

«Der Arme hat bestimmt nicht viel Spielzeug», sagte sie.

Alfred glotzte blöd, als Ib ihm das Spielzeug überreichte.

«Zum Teufel!» sagte er. «Hat deine Mutter dir das für mich mitgegeben?»

«Ja.» Ib nickte. «Sie dachte, du würdest dich darüber freuen.»

«Ich glaube, deine Mutter spinnt», sagte Alfred.

Ib antwortete nicht. Dergleichen war ihm an seiner Mutter noch nie aufgefallen.

Ibs Geburtstag stand bevor, und seine Mutter fragte ihn, was er an diesem Tag machen wolle.

«Ich habe Tante Ida eingeladen», sagte sie. «Aber hast du keine Lust, Alfred einzuladen und mit ihm Kakao zu trinken?»

«Auja!» Ibs Augen strahlten. Durfte Alfred wirklich kommen?

«Natürlich darf er», sagte seine Mutter. «Er wird sich sicher freuen, er hat ja sonst keine Gelegenheit für so was.»

Der Meinung war Ib allerdings nicht.

Einige Tage später konnte Ib Alfred eine gedruckte Einladungskarte überreichen, mit dem bunten Bild eines Teddybären und einer Puppe und auf der stand, daß Ib sich sehr freuen würde, wenn Alfred am Mittwoch von 14 Uhr bis 17 Uhr zum Kakao kommen würde. Alfred buchstabierte sich durch die Karte. «Um Antwort wird gebeten.»

«He», sagte Alfred. Er nahm die Karte und schrieb mit großen, unbeholfenen Buchstaben auf die Rückseite:

«In Ortnunk. Ich komme. Muhti alaupz mir.
Alfred»

Ibs Mutter lächelte, als sie das las.

«Geht Alfred in die Schule?» fragte sie.

«Nee.» Ib glaubte nicht, daß Alfred in die Schule ging.

Ib erwachte an seinem Geburtstag zeitig, weil er sich so freute. Nicht so sehr wegen der Geschenke, sondern weil Alfred kommen würde. Ib hatte sich noch nie so sehr auf einen Geburtstag gefreut.

Er bekam viele Geschenke. Einen Werkzeugkasten mit richtigem Werkzeug und Bilderbücher und ein Postamt. Ib strahlte vor Glück. Das würde er alles Alfred zeigen, wenn er käme.

Tante Ida kam schon zum Frühstück. Sie brachte ihm ein schönes Auto mit, das fuhr, wenn man es aufzog.

«Damit werden Alfred und ich spielen», sagte Ib entzückt.

«Wer ist Alfred?» fragte Tante Ida.

«Das ist ein armer kleiner Junge, mit dem Ib spielt», erklärte Ibs Mutter. «Er kommt am Nachmittag zum Kakao.»

Ib verstand nicht, warum seine Mutter Alfred immer als Jungen bezeichnete. Ihm schien es, er wäre ein Mann.

Nach dem Mittagessen deckte Ibs Mutter für Ib und Alfred den Kakaotisch. Es wurde ein schön gedeckter Tisch mit Fahnen und kleinen Papierpüppchen und für jeden einen richtigen Luftballon, einen gelben für Ib und einen roten für Alfred.

«Könnten wir hinterher Fruchtsaft haben?» fragte Ib. «Alfred ist ganz wild auf Fruchtsaft.»

«Natürlich.» Ibs Mutter machte eine große Kanne Fruchtsaft zurecht und stellte sie auf den Tisch.

Pünktlich um 14 Uhr klingelte es. Ib raste zur Tür und öffnete. Alfred stand draußen. Er war angezogen wie immer, aber wer ihn vorher gekannt hatte, konnte sehen, daß er gewaschen war. Nur wer ihn vorher nicht gekannt hatte, würde es nicht bemerken.

«Hier ist was für dich.» Alfred überreichte Ib ein großes Schiff mit Masten, Segeln und allem, was dazugehört.

«Nee!» Ib strahlte. «Ist es fertig?»

«Ich habe die ganze Nacht dran gesessen», sagte Alfred. «Es sollte zu deinem Geburtstag fertig werden.»

«Komm», sagte Ib, «komm rein und sag meiner Mutter und Tante Ida guten Tag!» Er öffnete die Stubentür.

Zwei Japser erklangen, als Ib und Alfred in die Stube traten. Die zwei Frauen starrten Alfred irritiert an.

«Das ist Alfred, Mutti», sagte Ib stolz.

Es dauerte einige Sekunden, bis Ibs Mutter sich wieder gefaßt hatte. Sie mußte einige Male schlucken, bevor sie etwas sagen konnte.

«Das, das ist also Alfred», stammelte sie.

«Aber ja doch», sagte Alfred. «Das war gewaltig nett

von Sie, mich einzuladen, Frau.» Er streckte eine Pranke, und Ibs Mutter nahm sie mit Grausen.

«Ach, du lieber Gott», sagte Tante Ida.

«Komm, Alfred!» Ib führte ihn in die andere Stube. «Es gibt Kakao.»

«Das ist ja entsetzlich», flüsterte Ibs Mutter Tante Ida zu. «Ich glaubte, es wäre ein Junge. Was, in aller Welt, soll ich mit dem anfangen, ich kann doch so einem keinen Kakao anbieten.»

«Tu es lieber doch», sagte Tante Ida. Sie war überzeugt, daß Alfred sie beide vergewaltigen und danach ermorden würde, wenn sie ihn beleidigten.

«Du mußt mir helfen», sagte Ibs Mutter mit bebender Stimme. Zusammen gingen sie in die Küche und gossen Kakao in die Kanne. Als sie damit in die Stube kamen, saßen Ib und Alfred schon am Tisch.

«Wie vornehm!» sagte Alfred und betrachtete die Fahnen und Papierpüppchen.

«Und den Luftballon darfst du mit nach Hause nehmen», sagte Ib. «Nicht wahr, Mutti?»

«Ja natürlich, wenn Herr Alfred sich was aus Ballons macht.» Ibs Mutter schenkte mit zitternder Hand Kakao ein.

«Wenn du lieber den gelben Ballon haben willst, können wir auch tauschen», schlug Ib eifrig vor.

Alfred sagte, daß ihm rote Ballons am besten gefielen.

«Na, Ihr Mann ist wohl mit der Lokomotive unterwegs», sagte er höflich zu Ibs Mutter.

«Wie bitte?» Sie starrte ihn verdutzt an.

«Ach du lieber Gott», sagte Tante Ida.

«Hier ist Schlagsahne.» Ib war ganz rot im Gesicht.

Ibs Mutter bot Kuchen an. Ihr schien das alles ein Traum zu sein. Das war die schlimmste Situation, die sie je erlebt hatte, und sie wußte einfach nicht, was sie in dieser Lage tun sollte.

Alfred aß mit Heißhunger Kuchen und trank eine Unmenge Kakao. Wenn er trank, brachte er Geräusche wie Entenschnattern hervor, nur viel, viel lauter.

«Ach du lieber Gott», sagte Tante Ida, und Ibs Mutter mußte sich auf eine Stuhllehne stützen.

Schließlich war Alfred satt. Kein Bissen könne mehr runter, sagte er.

«Das steht bis hier oben.» Er öffnete den Mund mit den zwei Zähnen und zeigte mit dem Finger, bis wohin es stand.

Tante Idas Lippen bewegten sich, aber sie brachte keinen Ton heraus.

«Und jetzt gibt es Fruchtsaft», sagte Ib froh. «Du kannst trinken, soviel wie du willst.»

«Ja, Ib hat gesagt, Sie mögen so gerne Fruchtsaft», sagte Ibs Mutter verwirrt.

«Das hat seine Richtigkeit», bestätigte Alfred und goß sich ein großes Glas voll.

Ibs Mutter überlegte wie wahnsinnig, was sie anfangen sollte, wenn die beiden mit dem Essen fertig waren. Sie hatte vorgehabt, sie zum Spielen nach draußen zu schicken, aber das ging ja wohl nicht, schien ihr. Ib nahm ihr das Problem ab. Er bat Alfred, einige Proben seiner Kunst vorzuführen.

«Zeig Mutti mal, wie du mit den Ohren wackeln kannst!» bat er.

Alfred wackelte gewaltig mit den Ohren. Er fühlte, daß die Situation erforderte, daß er sein Bestes gab.

«Er kann auch mit nur einem Ohr auf einmal wackeln», sagte Ib stolz. «Mach mal!»

Alfred wackelte zuerst mit dem rechten Ohr und dann mit dem linken.

«Ach du lieber Gott», sagte Tante Ida.

«Zeig ihnen das mit dem Geldstück», forderte Ib ihn auf.

«Haben Sie mal 'ne Krone, Frau?» fragte Alfred.

Ibs Mutter suchte verwirrt ihr Portemonnaie, Tante Ida folgte ihr.

«Gib ihm nicht mehr als ein Fünf-Öre-Stück», wisperte sie.

Alfred bekam ein Fünf-Öre-Stück. Er legte es in seine große Faust und machte einige merkwürdige Bewegungen in der Luft. Dann öffnete er die Faust. Die Münze war weg. Tante Ida war froh, daß sie verhindert hatte, daß es eine Krone gewesen war.

«Nun wollen wir doch mal sehen, ob wir sie wiederfinden», sagte Alfred und wandte sich zu Ib.

«Nein», rief Ib entzückt, «mach es mit Mutti!»

Alfred zögerte einen Moment, dann trat er auf Ibs Mutter zu.

«Was sehe ich denn da? Sie haben ja was in der

Nase», sagte er, ergriff ihre Nase mit seinen schwarzen Fingern und tat, als zöge er daran. Einen Augenblick später hatte er das Fünf-Öre-Stück in der Hand.

Ibs Mutter bat um ein Glas Wasser.

Ib war entzückt und stolz auf Alfred.

«Mach's auch mal mit Tante Ida!» sagte er.

«Man soll Zauberstücke nie wiederholen», sagte Tante Ida schnell.

Alfred unterhielt sie den ganzen Nachmittag mit seinen Kunststücken, bis Ibs Mutter sagte, sie müsse nun Abendbrot machen.

«Dann werde ich mal verschwinden», sagte Alfred. «Schönen Dank für den schönen Tag, Frau. Das war mordsmäßig nett von Sie, daß Sie so einen wie mich zu Besuch haben wollten.»

Ibs Mutter erwiderte nach einigem Zögern, es wäre ihr ein Vergnügen gewesen.

So verschwand Alfred mit dem roten Ballon. Er hätte ihn fast vergessen, wenn Ib ihn nicht daran erinnert hätte. Ib stand in der Tür und winkte ihm nach, als er mit dem Ballon an der Schnur über den Gartenweg davonschritt.

«Morgen komme ich dich besuchen», rief er.

Ibs Mutter und Tante Ida hatten inzwischen alle Fenster aufgerissen. Tante Ida ging schnüffelnd herum.

«Das dauert Tage, bis du den Geruch raus hast», sagte sie.

«Schrecklich.» Ibs Mutter war nahe am Weinen.

«Und wie soll ich dem Jungen klarmachen, daß er diesen gräßlichen Penner nicht mehr besuchen darf?»

«Weißt du was», schlug Tante Ida vor. «Ich nehme Ib mit zu mir nach Hause. Er kann eine Weile bei mir bleiben. Dann vergißt er ihn sicher.»

«Eine gute Idee», sagte Ibs Mutter.

Als Ib hereinkam, wurde ihm die Neuigkeit mitgeteilt. Er dürfte mit zu Tante Ida und eine Weile bei ihr in der Stadt wohnen.

Zuerst freute sich Ib. Er wohnte gerne bei Tante Ida, aber dann wurde er plötzlich nachdenklich.

«Ich glaube nicht, daß ich so lange ohne Alfred sein kann», sagte er.

«Quatsch», versetzte Tante Ida. «Wir gehen ins Theater und in den Zoo und noch vieles mehr. Du wirst gar keine Zeit haben, an ihn zu denken.»

Die zwei Frauen gingen in die Küche, um Abendbrot zu machen, und Ib lief hinaus in den Garten.

Eine halbe Stunde später kam Ibs Vater nach Hause. Es sollte gegessen werden, aber Ib war nicht da. Man rief ihn, aber er kam nicht.

«Wir fangen schon an», sagte die Mutter, «dann wird er schon kommen.»

Sie hatten gerade mit dem Essen angefangen, als Ib mit rotem Kopf und außer Puste hereingesaust kam.

«Wo warst du?» fragte seine Mutter.

«Unten, Alfred auf Wiedersehen sagen.»

Die beiden Frauen sahen sich an.

«Und weißt du was, Tante Ida», rief Ib mit Begeisterung in der Stimme. «Alfred hat mir versprochen, daß er mich mal besuchen kommt, wenn ich bei dir wohne.»

«Ach du lieber Gott», sagte Tante Ida.

Bestrafung

Meine Frau und ich, wir sind beide dagegen, Kinder zu schlagen. Wir ziehen solche Mittel vor wie Kürzung des Taschengelds (besonders, wenn wir selber knapp bei Kasse sind) oder Zwangsarbeit (wenn der Rasen das Mähen sehr nötig hat). Aber gestern hatte sich Jens so schlecht benommen, daß wir uns einig waren, jetzt hätte er eine altmodische Tracht Prügel verdient.

Ich ging in mein Zimmer und rief den Sohn zu mir. Ernst und väterlich erklärte ich ihm, daß meine Geduld nun zu Ende wäre und wer nicht hören könne, müsse fühlen.

«Es macht mir überhaupt keine Freude, dich zu schlagen, und es schmerzt mich mehr als dich, das kann ich dir versichern», sagte ich.

«Du kannst es ja lassen», bemerkte Jens.

«Nein», rief ich, «so kommst du nicht davon. Leg dich über mein Knie.»

«Nein», widersprach Jens.

«Hast du nein gesagt?»

«Ja», sagte Jens.

Diese Möglichkeit hatte ich überhaupt nicht in

Betracht gezogen. Ich überlegte einen Augenblick und drohte dann: «Wenn du dich nicht augenblicklich über mein Knie legst, dann verhau ich dich.»

«Dann tust du es ja noch schneller», versetzte Jens mit einer gewissen Logik.

Ich fühlte Zorn in mir aufsteigen. Ich wollte dem Jungen den Hintern vollhauen, und er war mir dabei nicht behilflich. Ich würde ihm schon zeigen, daß ich mit so einer Rotznase fertig werden konnte.

Ich fuhr vom Stuhl hoch und ergriff ihn hart am Arm, aber er drehte und wendete sich und machte sich irgendwie los. Ich versuchte, ihn wieder zu greifen, aber diesmal erfaßte er meinen Arm und drehte ihn mir auf den Rücken.

«Aua», schrie ich, «loslassen! Das tut weh!»

«Du hast ja gesagt, es soll weh tun», sagte Jens.

Rasender Zorn gab mir die Kraft, mich zu befreien. Ich schöpfte einen Augenblick Atem und setzte dann zu einem neuen Angriff an. Ich umfaßte Jens mit beiden Armen und zog ihn an mich. Ein kurzer, heftiger Kampf fand statt, dann verhakten sich unsere Beine, und wir fielen hin. Wir rollten auf dem Boden herum, dann gewann ich die Übermacht und preßte seine Schultern auf den Boden. Es sah wie ein Ringkampf aus.

«Na, siehst du jetzt, daß ich stärker bin», triumphierte ich.

«Ja», gab Jens zu, «aber wie willst du mir den Hintern vollhauen, wenn ich auf dem Hintern liege?»

Ich dachte lange nach und ließ ihn dann los.

«Diesmal sollst du noch davonkommen», sagte ich. «Aber nächstes Mal . . .» fügte ich drohend hinzu, um einen Rest meines Prestiges zu retten.

Wir erhoben uns vom Fußboden und bürsteten uns höflich gegenseitig die Kleidung ab.

«Übrigens», sagte ich, «es ist besser, wenn das unter uns bleibt. Ich meine, Mutter braucht das ja nicht . . .»

«Krieg ich ein Eis?» fragte Jens.

Ich weiß sehr genau, daß es das Dümmste ist, was man tun kann, wenn man Erpressern nachgibt, aber ich hatte nicht die Kraft zu widerstehen, und kurz darauf verschwand Jens mit 25-Öre-Stücken, und ich ging in die Küche zu meiner Frau.

«Na», fragte sie, «hat er seine Tracht Prügel gekriegt?»

«Nein», erwiderte ich, «ich brachte es nicht übers Herz, ein wehrloses Kind zu schlagen.»

Französische Handelskorrespondenz

Ich war immer ein Mann, der vorwärtskommen wollte. Ich war nie mit dem Erreichten zufrieden, sondern setzte mir immer neue Ziele. Das war auch der Grund dafür, daß ich Staatswissenschaft studierte.

Als ich mich für dieses Studium entschied, war das nicht aus besonders großem Interesse für Staatswissenschaft, sondern ausschließlich aus der Tatsache heraus, daß man beim Studium der Staatswissenschaft Gelegenheit hat, sich nebenbei seinen Lebensunterhalt zu verdienen, was nicht bei allen Studienfächern der Fall ist. Ich hätte mich aus dem gleichen Beweggrund auch auf das Studium der Rechte werfen können, aber das erschien mir noch langweiliger. Ich gab deshalb auch das Studium dann ganz und gar auf, denn es blieb nicht aus, daß man bei Staatswissenschaft auch mit Jura in Berührung kam.

Ich erinnere mich da speziell an etwas, das Nichtigkeit und Anfechtbarkeit hieß, woraus ich nie schlau wurde. Das Kriterium, ob es sich um den einen oder anderen Begriff handelte, war, ob «die rechtliche Unwirksamkeit rechtlich bedingt und durch Erlaß einer Behörde hervorgerufen war». Wenn die Ungültigkeit durch einen solchen Erlaß bedingt war, war der Verwaltungsakt anfechtbar. Eine nicht derart bedingte Ungültigkeit war nichtig.

Es gibt wahrscheinlich keinen Menschen, der sich mit solchem Kram längere Zeit beschäftigen kann, ohne Schaden am Geist davonzutragen, und deshalb gab ich schließlich das Studium auf. Aber bis ich mich dazu entschloß, hatte ich einige Jahre fleißig studiert, und in dieser Zeit ernährte ich mich und meine Familie durch Gelegenheitsjobs.

Eine Zeitlang arbeitete ich einige Stunden am Tag als Fremdsprachenkorrespondent in einer kleineren Importfirma in der Innenstadt. Das Personal bestand aus dem Firmeninhaber, der immer mit überzogenen Krediten arbeitete und daher einen wesentlichen Teil seiner Arbeitszeit darauf verwenden mußte, ungeduldige Gläubiger zu beruhigen. Außerdem war da noch ein Buchhalter, der wie ich nur ein paar Stunden arbeitete.

Meine Arbeit bestand darin, nach Diktat des Chefs Verbindung mit den Kunden der Firma in Deutschland und England zu halten. Wir schrieben an viele Firmen in diesen beiden Ländern und versuchten, sie dazu zu bewegen, uns die Alleinvertretung für Skandinavien zu geben. In den Briefen bezeichnete der Chef seine Firma immer als altes, solides Unternehmen mit gut ausgebildetem Personal und Verkaufsbüros, die über ganz Skandinavien verteilt seien. Wir benützten Briefpapier für die Importabteilung, für die Exportabteilung und für die anderen vielen Abteilungen, von denen wir den Eindruck erwecken wollten, daß wir sie hätten.

Die Briefe führten äußerst selten zu einem Ergebnis. Wovon das Unternehmen nun eigentlich existierte, habe ich nie recht verstanden. Aber der Chef tat immer, als liefe alles großartig, und benahm sich dementsprechend. Es muß wohl was dran sein an der Behauptung, daß man jahrelang von einem Unternehmen leben kann, auch wenn man ein Defizit erwirtschaftet.

Mit der deutschen und englischen Korrespondenz kam ich wunderbar zurecht. Ich hatte beide Sprachen einmal auf der Handelsschule gelernt, und außerdem war der Chef in beiden Sprachen perfekt, so daß er die schlimmsten Fehler, die ich machte, ausbügeln konnte.

Aber eines Tages fragte er mich, ob ich auch Handelskorrespondenz in Französisch führen könnte.

Ich dachte eine Weile nach, bevor ich antwortete. Ich hatte zwar seinerzeit auch Unterricht in französischer Handelskorrespondenz gehabt, aber zum einen hatte sich nie Gelegenheit geboten, das praktisch anzuwenden, weshalb ich das meiste vergessen hatte, und zum anderen ist Französisch ja ziemlich schwer. Aber weil der Chef mir eine Lohnerhöhung in Aussicht stellte und außerdem zugab, daß er selbst nicht ein Wort Französisch konnte, also nicht imstande war, mich zu kontrollieren, sagte ich ja. Ich nahm an, daß ich mich mit Hilfe eines Wörterbuchs auch in dieser Sprache verständlich ausdrücken könnte.

Ich sollte an eine Firma in Paris schreiben, die Latry & Cie hieß. Es handelte sich um eine Anfrage, ob sie unserer alten und soliden Firma das Monopol für Kammgarnmeterware und andere verschiedene Produkte geben wollten, von denen wir glaubten, enorme Mengen absetzen zu können.

Ich brauchte drei Stunden, um diesen Brief in Französisch zustande zu bringen. Aber dann nahm er sich ganz gut aus. Ich begann mit der eleganten Einleitung: «Messieurs, nous nous permettons de vous demander» usw., und ich schloß genauso elegant mit einer der französischen Höflichkeitsfloskeln: «Dans l'attente de votre prompte réponse, nous vous prions d'agréer, Messieurs, nos salutations distinguées!» Das war ein sehr schöner Brief, und der Chef war sehr beeindruckt.

Es verging eine Woche, bis eine Antwort von Latry & Cie eintraf. Der Chef gab mir den Brief und bat mich, ihn ins Dänische zu übersetzen, damit er die Antwort verstünde.

Ich bewaffnete mich mit einem französisch-dänischen Wörterbuch und begann, mich durch den Brief zu buchstabieren. Zu meinem Schrecken wurde ich gewahr, daß dort stand, sie hätten nicht verstanden, worum es sich handelte, weshalb sie uns aufforderten, noch einmal, aber diesmal verständlicher zu schreiben.

Das konnte ich natürlich dem Chef nicht zeigen,

deshalb fertigte ich statt dessen eine Übersetzung an, aus der hervorging, daß Latry & Cie um ausführliche Absatzprognosen baten.

«Schreiben Sie», befahl der Chef und begann, mir einen Brief zu diktieren, in dem er mit Zahlen jonglierte, die überhaupt keinen Bezug zur Wirklichkeit hatten.

«Bei Franzosen muß man besonders dick auftragen», behauptete er.

Ich übersetzte diesen Brief natürlich nicht ins Französische, sondern schrieb einen neuen, in dem ich versuchte, Latry & Cie klarzumachen, was wir wollten. Abwechslungshalber schloß ich diesmal damit, daß ich die Herren bat, «l'assurance de notre haute considération» entgegenzunehmen. Der Chef unterschrieb diesen Brief glücklicherweise, ohne zu wissen, was drin stand.

Als ich wieder eine Woche später einen neuen Brief von Latry & Cie zu übersetzen hatte, fiel es mir ziemlich schwer, daraus schlau zu werden. Aber als ich mich durchbuchstabiert hatte, kam nichts anderes dabei heraus, als daß die französische Firma uns mitteilte, sie hätte überhaupt kein Interesse an Blumentöpfen. Mir kamen allmählich Zweifel an meinen Französischkenntnissen.

In der Übersetzung, die ich dann dem Chef gab, wünschten Latry & Cie nähere Informationen über unsere Verkaufsbüros in den übrigen skandinavischen Ländern. Der Chef sagte: «Diese verdammten Franzosen! Die quatschen und quatschen und haben überhaupt keine Ahnung vom modernen Geschäftsgebaren.» Und er diktierte mir einen Brief mit den gewünschten Informationen, der so wenig der Wahrheit entsprach wie alles andere, was wir schrieben.

Ich gab mir die größte Mühe, Latry & Cie in einem neuen Brief noch einmal zu erklären, worum es sich handelte. Diesmal war ich sicher, daß sie mich verstehen müßten, wenn sie des Französischen überhaupt mächtig waren.

Ich wurde wieder enttäuscht. Die Antwort war völlig unverständlich. Sie teilten uns mit, daß sie die fragliche Warenprobe immer noch nicht erhalten hätten und sie sich deshalb nicht imstande sähen, unsere Frage zu beantworten. Es war vollkommen unmöglich, zwischen meinen Briefen und der Antwort der Franzosen den geringsten Zusammenhang zu entdecken.

Am liebsten hätte ich die Sache aufgegeben. Aber nun war ich einmal hineingeraten und mußte den Knoten entwirren. Ich arbeitete eine neue glaubwürdige Übersetzung für den Chef aus, und er diktierte mir wieder einen seiner phantasievollen Briefe, den ich nach altem Rezept in einen französischen umarbeitete, in der Hoffnung, diesen dickköpfigen Franzosen endlich mal begreiflich machen zu können, was ich meinte.

Eine Woche später kam eine rätselhafte Antwort von Latry & Cie. Sie schrieben, daß sie bedauerten, uns vorher mißverstanden zu haben, aber daß sie hiermit unseren Lieferauftrag über 10000 Gros Zahnbürsten bestätigten, die schnellstmöglich geliefert werden würden.

Es wurde für mich immer schwieriger, aber ich brachte noch einmal etwas Überzeugendes zustande. Der Chef regte sich wieder darüber auf, was die Franzosen für Umstände machten, und sagte, was die dort brauchten, wäre ein starker Mann, der mal gründlich aufräumen müßte. Dann diktierte er einen Brief in äußerst scharfem Ton, in den er aus irgendeinem Grund auch die UNO und die NATO hineinbrachte. Es hätte nicht viel gefehlt, und er hätte Frankreich den Krieg erklärt.

Ich schrieb mit zitternder Hand einen Brief in Französisch an Latry & Cie, in dem ich so deutlich wie nur möglich zu erklären versuchte, daß sie uns weder Zahnbürsten noch irgend etwas anderes schicken sollten. Auf unser ursprüngliches Anliegen ging ich überhaupt nicht mehr ein. Ich war zu dem Schluß gekommen, das würde bloß noch mehr Verwirrung stiften.

Einige Wochen vergingen ohne Antwort von Latry & Cie, und ich konnte etwas freier atmen in der Überzeugung, daß die Firma es nun aufgegeben hatte zu versuchen, irgendwie etwas mit uns zustande zu bringen. Aber eines Tages, als ich zur Arbeit kam und die Bürotür öffnete, erwartete mich ein schrecklicher Anblick:

Vom Fußboden bis zur Decke war das Büro mit bunten Pappkartons gefüllt, auf denen in großen

Buchstaben stand: «Latry & Cie, Paris.» In der hintersten Ecke, dem einzigen noch freien Platz, konnte ich Chef und Buchhalter entdecken. Sie hatten einen der Kartons geöffnet, hielten jeder eine Zahnbürste in der Hand und schauten sich verwundert an.

Ich hörte den Chef sagen: «Was soll denn das? Verstehen Sie, was das bedeutet?» Ich schloß leise wieder die Tür und ging die Treppe hinunter. Am gleichen Tag schrieb ich meinem Chef einen Brief, in dem ich ihm mitteilte, daß ich wegen Examensvorbereitungen leider nicht mehr für ihn arbeiten könne. Ich erhielt nach einigen Tagen einen freundlichen Brief von ihm, in welchem er mir mitteilte, daß er meinen Entschluß verstünde, wenn er ihn auch bedaure, weil nämlich tüchtige dreisprachige Fremdsprachenkorrespondenten nicht vom Himmel fielen. Die Zahnbürsten erwähnte er mit keinem Wort. Was er mit denen gemacht hat, habe ich nie erfahren. So wie ich ihn kenne, wird er schon irgendwie Profit daraus geschlagen haben.

Weltpolitik

«Ich verstehe überhaupt nichts von der Suezkanal-Affäre», sagte meine Frau und legte die Zeitung weg, «du vielleicht?»

«Natürlich», erwiderte ich.

«Dann erkläre es mir», sagte sie.

Ich steckte mir eine Zigarette an und setzte mich bequemer im Sessel zurecht. Ich verfolgte aufmerksam die Politik des Auslandes und hatte nichts dagegen, meine Frau an meinem Wissen teilhaben zu lassen.

«Der Suezkanal wurde im 19. Jahrhundert erbaut ... äh ... oder in einem anderen», begann ich, «vielleicht war's auch im 18. Jahrhundert. Na, ist ja auch egal. Jedenfalls wurde er gebaut.»

«Ja, bis dahin habe ich alles verstanden», sagte meine Frau.

«Er wurde von einem Franzosen erbaut, der ein französischer Ingenieur war und Ferdinand Suez hieß», setzte ich fort, ohne mich von ihrem ironischen Tonfall beeinflussen zu lassen.

«Ich dachte, Suez ist eine Stadt», warf sie ein.

Ich dachte kurz nach. Was ich gesagt hatte, kam mir

auch irgendwie verkehrt vor, aber ich wußte nicht, was falsch war.

«Es ist möglich, daß eine Stadt genauso heißt», erklärte ich, «aber deshalb kann er ja trotzdem auch so heißen.»

«Das ist aber komisch», sagte sie.

«Wieso denn», sagte ich ärgerlich. «Ich hatte zum Beispiel einen Schulkameraden, der Aalborg hieß.»

«Was hatte er mit dem Suezkanal zu tun?» fragte sie.

«Gar nichts», erwiderte ich ungeduldig.

«Warum erwähnst du ihn dann?»

«Weil, na weil . . . jetzt habe ich den Faden verloren. Wir wollen mal beim Thema bleiben! Der Suezkanal ist von größter Bedeutung für den Welthandel, es ist sehr wichtig, ob Waren auf diesem Wasserweg befördert werden können oder nicht.»

«Was für Waren?» fragte meine Frau.

«Rohstoffe und dergleichen», erklärte ich. «Und wenn der Kanal gesperrt ist, muß man einen ganz anderen Weg nehmen.»

«Was für einen Weg?»

«Das mußt du selber rauskriegen», sagte ich, «eben einen andern. Aber nun hör endlich zu! Du hast sicher schon von einem General Nasser gehört.»

«Ja», sagte meine Frau, «er war Ministerpräsident von Ägypten.»

«Nein, nicht Ministerpräsident», erklärte ich nachsichtig, «sondern Staatspräsident.»

«Das ist doch dasselbe.»

«Nein, ist es nicht», sagte ich. «Bei uns zum Beispiel ist der Ministerpräsident H. C. Hansen und –»

«Das weiß ich selber», unterbrach sie mich, «das ist der, der immer mir statt ich sagt.»

«So'n Quatsch», sagte ich, «das ist ja ein ganz anderer Ministerpräsident. Er heißt äh . . . Jensen Broby und ist von der Linkspartei. H. C. Hansen ist aber Sozialdemokrat.»

«Na und? Ist doch dasselbe», sagte meine Frau.

«Keinesfalls», lachte ich überlegen. «Das sind ja zwei völlig verschiedene Parteien. Die Sozialdemokraten wollen . . . was wollen die denn . . . ja, die wollen die Banken verstaatlichen und so, und die wollen eine Volksrente einführen.»

«Will die Linkspartei das nicht?»

«Jedenfalls nicht das mit den Banken», sagte ich, «aber nun hör endlich zu! Der –»

«Ich kann das nicht mehr mit anhören», sagte meine Frau und erhob sich. «Du sagst, du willst mir etwas vom Suezkanal erzählen, aber dann redest du von Banken und Sozialdemokraten und alten Schulkameraden. Du hast offensichtlich keine Ahnung vom Suezkanal.»

«Aber», begann ich. Aber dann gab ich es auf. Es hat einfach keinen Sinn, sich mit Frauen über die große Politik zu unterhalten.

Mein Privatzoo

Sowohl ich als auch meine Frau sind sehr tierliebend. Aber der Nachteil des Tierehaltens ist der, daß man von diesen Tieren abhängig ist und das Verreisen problematisch wird. Und wir reisen sehr gern. Wir haben uns daher vor langer Zeit versprochen, jeder Versuchung, irgendein Tier zu halten, zu widerstehen.

Damals war es nicht sehr schwer, sich an dieses Gelöbnis zu halten, denn wir wohnten in einer modernen Zweizimmerwohnung in Kopenhagen, wo man hören konnte, daß der Nachbar den Schluckauf hat. Und laut Mietvertrag war es verboten, Tiere ohne schriftliche Einwilligung des Hausbesitzers zu halten, und der wäre lieber gestorben, als uns diese zu geben. Schwerer wurde es, dieses Versprechen zu halten, als wir aus der Zweizimmerwohnung in ein kleines Haus mit Garten außerhalb der Stadt zogen. Nun hätte uns nichts hindern können, so viele Tiere zu halten, wie wir wollten, und die Entsagung war schwer zu ertragen. Aber wir sagten uns, wir hatten es uns gelobt, und ein Gelöbnis muß man halten.

Und wir haben das Gelöbnis gehalten – oder fast beinahe gehalten. Das Ergebnis ist, daß wir heute keine Tiere außer einem Hund, einem Goldhamster, zehn Wellensittichen und einer Schildkröte haben.

Den Hamster schafften wir uns zuerst an. Es ist ein kleiner fröhlicher Bursche, den wir Teddy getauft haben, weil er einem kleinen Kind gleicht. Er hat seinen eigenen Hamsterkäfig mit einer Kiste drin, in der er schläft, die er aber mit Eßbarem so vollstopft, daß er dort selber nicht mehr reinpassen würde, wenn wir die Kiste nicht in regelmäßigen Abständen entleeren würden. Manchmal darf er in der Stube rumlaufen, und das gefällt ihm sehr. Aber wir müssen zuerst den Hund rausbringen, denn der ist fest davon überzeugt, daß Teddy eine Ratte ist, auch wenn wir ihm noch so oft erklären, daß dies nicht der Fall ist.

Die Wellensittiche waren ursprünglich vier Jungvögel. Wir schafften sie uns an, ohne ihr Geschlecht zu kennen. Als sie größer wurden, holten wir das Urteil verschiedener Sachkundiger ein, und einer sagte, es wären vier Hähne, einer, ein Hahn und drei Hennen, usw. Wir kriegten also nie heraus, wer was war. Den Wellensittichen selbst muß das wohl besser geglückt sein, denn eines Tages waren es zehn, weshalb wir einen größeren Käfig besorgen mußten. Ein Wellensittich kann ziemlich viel Spektakel machen, und zehn Wellensittiche machen zehnmal soviel. Sie beginnen bei Sonnenaufgang zu schnattern und hören erst bei Sonnenuntergang wieder auf, weshalb wir im Sommer täglich nur ein paar Stunden Schlaf kriegten.

Die Schildkröte ist ein kleines Ding, das wir im letzten Herbst im Zoo von Paris fanden, wo sie im Gras herumkrabbelte. Ob sie dort irgendwo ausgerissen war oder ob sie frei lebte, weiß ich nicht. Aber da wir fürchteten, daß ihr etwas geschehen könnte, nahmen wir sie mit. Den Rest unseres Aufenthaltes in Paris verbrachte sie in einem Kommodenschubfach in unserem Hotelzimmer und lebte von Bananen, Apfelsinen und Weintrauben. Bei der Heimfahrt mit dem Nordexpreß packten wir sie in einen Schal und legten sie ins Gepäcknetz unseres Abteils. Unter unseren Mitreisenden erregte es Aufsehen, als sich der Schal hin und her bewegte, und es begann eine eifrige mehrsprachige Diskussion darüber, was wohl in dem Schal sein könnte. Zum Schluß wandte sich ein englischer Gentleman höflich an mich und fragte ganz direkt, was denn in dem Schal drin wäre. Ich hätte es ihm gern gesagt, hatte aber keine Ahnung, was Schildkröte auf englisch heißt. So versuchte ich mit Zeichen und Gesten einer Schildkröte zu ähneln, was sehr schwierig ist. Aber der Engländer nickte verstehend und bedankte sich. Dann wandte er sich an die übrigen Passagiere und teilte ihnen mit, es wäre ein Alligator im Schal, was diese nicht sehr zu erfreuen schien.

Wir waren etwas nervös beim Gedanken an die dänische Grenzkontrolle, denn wir wußten nicht genau, ob die Einfuhr von Schildkröten gestattet ist.

Aber alles ging glatt. Der Zoll fragte, ob wir Zigaretten oder Kognak hätten. Niemand fragte, ob wir Schildkröten mitbrächten.

Zu Hause bei uns fand sie sich schnell zurecht, und wir tauften sie Jean, wenn wir auch nicht wissen, ob sie eine Sie oder ein Er ist. Und sie ist so zahm, daß sie kommt, wenn man sie ruft, vorausgesetzt, man spricht französisch. Sie kommt mit den anderen Tieren gut aus und interessiert sich besonders für die Wellensittiche. Wenn diese im Zimmer herumfliegen dürfen, sieht sie ihnen interessiert nach, und wenn sich einer auf den Fußboden setzt, spaziert sie sofort auf ihn los, um ihn näher zu betrachten. Aber die Vögel trauen der Schildkröte nicht. Wenn sie sich ihnen nähert, fliegen sie auf und setzen sich am entgegengesetzten Ende des Zimmers auf den Fußboden, woraufhin die Schildkröte die Richtung ändert und erneut versucht, sich dem Vogel zu nähern. Das kann sich unzählige Male wiederholen, ohne daß es der Schildkröte je gelingt, einen Vogel aus der Nähe zu betrachten.

Unser Lieblingstier ist natürlich der Hund, ein Airedaleterrier, der Kim heißt. Er ist der klügste Hund der Welt und gleicht in dieser Eigenschaft allen anderen Hunden. Ursprünglich hieß er nicht Kim, sondern hatte einen viel feineren langen ausländischen Namen mit von und zu. Aber da wir hier nicht soviel von Titeln halten, nannten wir ihn einfach Kim und sagten du zu ihm, was er uns noch nie übelgenommen hat.

Darüber, wie es geschehen konnte, daß wir ihn

angeschafft haben, können wir uns bis heute nicht einig werden. Es begann wohl damit, daß wir eine Annonce in der Zeitung entdeckten, in der Nähe sei ein schöner Welpe zu verkaufen, und wir dachten, wenn wir auch keinen Hund haben wollten, so könnten wir ihn uns ja trotzdem mal ansehen. Deshalb fuhren wir mit den Fahrrädern hin und sahen ihn uns an.

Als wir zurückfuhren, nahmen wir den Welpen mit. Wenn ich mich nicht irre, war es meine Frau, die nicht widerstehen konnte, als sie den Welpen sah. Aber wenn ich jetzt mit ihr darüber spreche, sagt sie, daß ich mich da irre. Wir können uns in diesem Punkt nie einig werden, aber das ist ja auch egal. Als wir den Hund einmal hatten, dachten wir nicht mehr daran, ihn wieder fortzugeben.

Als wir ihn heimbrachten, war er noch keine sechs Wochen alt und so klein, daß er nicht einmal auf das kleine Bett hopsen konnte, das wir für ihn angeschafft hatten. Von Anfang an beschlossen wir, daß er streng und vernünftig erzogen und nicht so ein ekelhaft verzogenes Schoßhündchen werden sollte, das nicht gehorcht, beim Essen bettelt, auf den Möbeln herumliegt und alle die schlimmen Sachen macht, die solche Schoßhündchen tun. Wahrheitshalber mußte ich zugeben, daß er heute ein fürchterlich verzärtelter Hund ist, der beim Essen bettelt, zu uns ins Bett hopst und nur dann gehorcht, wenn er will.

Aber trotzdem ist er ein schöner Hund, und er hat ein friedliches Gemüt, fast zu friedlich, denn er freut sich über jeden Fremden, der kommt, ob wir nun zu Hause sind oder nicht, und ist als Wachhund eine komplette Niete. Ein Einbrecher würde von einem fröhlich mit dem Schwanz wedelnden Hund empfangen werden, der nicht etwa an ihm hochspringt, um ihm die Kehle durchzubeißen, sondern um ihm das Gesicht zu lecken, und der in der Hoffnung auf ein Stück Zucker Männchen macht.

Aber er ist, wie gesagt, ein schöner Hund, der uns viel Freude bereitet hat, aber auch einige Sorgen, und der daran schuld ist, daß ich zum Gesetzesbrecher wurde.

Das heißt, so genau stimmt das auch nicht, denn ein Gesetzesbrecher war ich ja die meiste Zeit meines Lebens. Ich habe Zigaretten nach Dänemark geschmuggelt, ich habe Kaffee auf dem schwarzen Markt gekauft, in die Straßenbahn gespuckt und Geld von Sammeltellern in der Kirche geklaut, als ich ein Junge war, alles, ohne je entdeckt zu werden. Der Hund aber ist schuld daran, daß man mich als Gesetzesübertreter erwischt hat, und das ist schon etwas ganz anderes.

Es geschah, als wir den Hund schon einen Monat hatten, und wenn ich daran zurückdenke, ärgere ich mich wieder über die ungerechte Behandlung, die mir zuteil wurde. Die Sache war die, daß wir von Anfang an sehr darauf achteten, den Hund nicht alleine auf den Wegen herumlaufen zu lassen. Aber alle anderen Hunde in unserer Gegend tun das, und in unserer Straße gibt es so viele Hunde, daß man immer über einen stolpert, sobald man nur den Fuß vor die Tür setzt. Und niemand kümmert sich darum. Aber wir wollten nicht, daß unser Hund alleine rumläuft, teils weil wir nicht das Risiko eingehen wollten, daß er überfahren wird, teils weil wir fürchteten, er könnte uns weglaufen, bevor er die Gegend kannte. Wir trauten uns nicht einmal, ihn unbeaufsichtigt im Garten herumlaufen zu lassen, denn dort gibt es zu viele Schlupflöcher, durch die er entwischen konnte.

Aber eines Tages riß er dennoch aus. Es war ein Sonntagnachmittag, wir hatten Gäste, und die ließen ihn zur Verandatür raus, als ich mich gerade in der Küche aufhielt, um das Gejammer meiner Frau darüber, daß sie nicht genug zu essen hatte für all die Gäste, die unangekündigt zu Besuch gekommen waren, anzuhören. Das dauerte zehn Minuten, und da war der Hund schon weg. Man konnte nichts anderes tun, als die Polizei anzurufen, und wir waren froh zu hören, daß er dort schon wohlbehalten angekommen war. Einige Kinder hatten ihn auf der Straße vor unserem Haus gesehen, es merkwürdig gefunden, daß ein so kleiner Hund alleine herumlief, angenommen, daß er entlaufen war, und ihn bei der Polizei abgeliefert.

Froh holte ich den Hund ab und dachte, daß sich damit alles erledigt hätte. Aber nach einem Monat erhielt ich ein Schreiben, in dem ich aufgefordert wurde, vor Gericht zu erscheinen, weil ich einen mir gehörenden Hund unbeaufsichtigt auf einem öffentlichen Weg hatte herumlaufen lassen. Falls ich innerhalb einer festgesetzten Frist eine Buße von 20 Kronen bezahlte, würde man von weiterer Strafverfolgung absehen.

Wenn ich nicht schon ein Querulant gewesen wäre, ich wäre es durch dieses Schreiben geworden. Es erschien mir eine zum Himmel schreiende Ungerechtigkeit, daß ich 20 Kronen bezahlen sollte, weil mein Hund, den ich sonst nie frei herumlaufen lasse, in einem unbeaufsichtigten Augenblick ausgerissen war, während alle anderen Hunde in unserer Gegend frei herumlaufen und deren Eigentümer nie Strafe zahlen müssen. Ich sagte zu meiner Frau, daß ich dieses Bußgeld nie bezahlen und bis zum Verfassungsgericht gehen würde, und wenn ich kein Recht kriegte, würde ich die Geldstrafe absitzen. Aber meine Frau sagte, es wäre schlimm für den Hund, wenn er da mit hineingezogen würde, und so bezahlte ich – dem Hund zuliebe.

Die Zeit verging, der Hund wurde groß, und eines Tages war er krank. Zuerst merkten wir, daß er sich unaufhörlich kratzte, und wir dachten, er hätte Flöhe. Später aber gingen ihm die Haare in großen Batzen aus, sein Fell bekam kahle Stellen, und es wurde uns klar, daß er etwas Ernsthaftes hatte. Glücklicherweise haben wir eine gute Tierklinik in der Nähe, und so ging ich also mit dem Hund in die Sprechstunde. Einige Zeit verbrachten wir im Wartezimmer mit anderen Hunden, einigen Katzen und einem Kanarienvogel, bis wir endlich zum Oberarzt gerufen wurden. Er untersuchte den Hund, stellte ein bösartiges Ekzem fest und riet uns zu einer stationären Aufnahme in die Tierklinik.

Die Sorge zu Hause war groß, als ich ohne Hund zurückkam. Der einzige Trost war, daß in der Tierklinik täglich eine Stunde Besuchszeit war, und am nächsten Tag waren wir mit dem Glockenschlag mit einer Zuckerdose, einem Kotelett und einem Blumenstrauß zur Stelle. Letztere beiden Dinge wurden uns abgenommen, weil es den Hundepatienten verboten war, derartige Mitbringsel entgegenzunehmen. Der Hund lag mit fünf anderen Hunden auf einem Zimmer und sah jammervoll aus. Er war völlig kahl geschoren und hatte einen großen Kragen um den Hals, damit er sich nicht kratzen konnte. Er konnte sich damit aber auch fast nicht bewegen. Er heulte vor Freude, als er uns sah. Er winselte nicht nur, es kamen ihm richtige Tränen. Ich hätte nie geglaubt, daß ein Hund richtig weinen kann. Aber er konnte es tatsächlich. Wir blieben die gesamte Besuchszeit über bei ihm und kamen am nächsten Tag wieder. Außerdem suchten wir den Oberarzt während seiner Sprechzeit auf, und der klopfte uns auf die Schulter und sagte tröstend, wir sollten den Mut nicht verlieren, es würde schon wieder werden. Dem Hund gehe es in der Klinik gut, er fühle sich wohl und würde bald wieder ganz gesund werden.

Er wurde auch gesund, und es war ein Freudentag, als wir ihn abholen konnten. Er wurde mit Kotelett und anderen Leckerbissen gefeiert, und da wir es in den ersten Tagen nicht übers Herz brachten, mit dem Hund zu schimpfen, gewöhnte er sich noch mehr Unarten an, als er vorher schon gehabt hatte.

Aber die Freude war nur kurz, denn nach einigen Tagen wurde der Hund wieder krank. Er hustete, die Augen tränten, und gelber Schleim kam aus den Nasenlöchern. Wir mußten einen Arzt rufen. Der kam und stellte fest, daß der Hund die Staupe hatte. Wir sollten ihn ruhig und warm halten. Er verschrieb ein Rezept für Tabletten und Hustensaft, und wir sollten morgens und abends die Temperatur messen. Einige unruhige Tage folgten. Der Hund bekam einen alten Pullover an, wurde in sein Bett gelegt und zugedeckt. Von der Apotheke wurden Tabletten und Hustensaft geliefert, letzterer mit der Aufschrift auf dem Etikett: «Herrn Soeborgs Hund. 3 x täglich ein Teelöffel voll». Der Hund war sehr schlapp, er lag den ganzen Tag lang still im Bett und wünschte augenscheinlich nur, in Ruhe gelassen zu werden. Aber ununterbrochen mußten wir ihn stören. Bald mußten wir Fieber messen, bald mußte er Tabletten nehmen oder Hustensaft. Aber er ertrug alles geduldig. Er wollte nicht fressen, aber der Tierarzt hatte gesagt, es wäre sehr wichtig, daß er etwas zu sich nehme, damit er nicht von Kräften käme. Deshalb tischten wir ihm die leckersten Sachen auf. Ich glaube nicht, daß jemals ein Hund so leckeres Essen gekriegt hat wie der unsere in jenen Tagen: gewürfeltes Fleisch in Bouillon gekocht und Hafersuppe mit Ei. Das war alles so lecker, daß wir uns über die Reste hermachten, die er nicht mehr hinunterkriegte. Er fraß kaum, obwohl wir ihn wie ein kleines Kind mit dem Löffel fütterten. Wir schlichen in diesen Tagen auf Zehenspitzen durch die Zimmer und ließen den Hund nie allein im Haus. Wir mußten einige Einladungen ablehnen, mit der Begründung, der Hund sei krank, weshalb die Gastgeber uns für nicht ganz normal hielten. Ganz normal waren wir tatsächlich nicht, denn ich erinnere mich, daß wir immer nur flüsterten, wenn wir in Gegenwart des Hundes über seine Krankheit sprachen, damit er nicht hören konnte, was wir sagten. Was, wie mir später klar wurde, wohl doch etwas übertrieben war.

Der Hund erholte sich glücklicherweise wieder und behielt keinen Schaden zurück, außer dem Schaden, den wir bei der Krankenpflege an seinem Benehmen verursacht hatten. Es dauerte geraume Zeit, bis wir ihn daran gewöhnt hatten, wieder selber zu fressen, statt mit dem Löffel gefüttert zu werden.

Obwohl der Hund, wie schon gesagt, sehr friedfertig ist, hat er die schlechte Angewohnheit, uns anzuknurren, wenn er Fleisch frißt. Nun ist das ja für einen Hund eine ganz natürliche Verhaltensweise, und er meint es nicht so. Er denkt auch nicht im Traum daran, uns etwas zu tun, aber ich habe trotzdem die Vorstellung, daß ein Hund unter gar keinen Umständen seinen Herrn anknurren darf, und ich habe alles versucht, ihm das abzugewöhnen. Eines Tages, als er mich ziemlich grimmig angeknurrt hatte, schimpfte ich ihn tüchtig aus, setzte mich dann in den Garten und las ein Buch. Etwas später kam auch der Hund raus, lief schwanzwedelnd auf mich zu und war zum Spielen aufgelegt. Ich aber dachte, daß er jetzt einen Denkzettel kriegen sollte. Also senkte ich den Kopf und knurrte ihn böse an.

Der Hund sah mich verblüfft an, wich etwas zurück und versuchte es noch einmal. Ich aber beugte mich wieder zu ihm herunter, entblößte die Zähne und knurrte ihn wieder böse an.

Das wiederholte sich einige Male, und ich weiß nicht, wie lange das noch gedauert hätte, wenn ich nicht plötzlich von der Straße her eine Stimme gehört hätte:

«Ach du meine Güte, der knurrt den Hund an!»

Ich sah auf und wurde gewahr, daß sich ein kleiner Volksauflauf auf der Straße gebildet hatte. Alle starrten mich verblüfft an.

Ich grinste dämlich zurück, was vermutlich den Verdacht, daß ich nicht alle beisammen hätte, bekräftigte. Und weil ich fühlte, daß die Situation einer Erklärung bedurfte, erhob ich mich und ging zur Gartentür. Aber als ich mich der Menge näherte, wich diese erschreckt einige Schritte zurück.

«Sie brauchen keine Angst zu haben», sagte ich beruhigend, «ich tu Ihnen nichts.»

Ich glaube nicht, daß meine Worte überzeugend waren, denn die Menge blieb in sicherem Abstand, und es war ihr anzusehen, daß sie jederzeit bereit war, die Flucht zu ergreifen, wenn ich Anstalten machen würde, über die Gartenpforte zu springen.

«Ich tu Ihnen nichts», wiederholte ich. Fast hätte ich hinzugefügt: «Sie können mich ruhig streicheln», aber das verkniff ich mir zum Glück.

«Sie, Sie haben geknurrt», sagte eine Dame nervös.

Ich versuchte, das alles aufzuklären, aber sie starrten mich weiterhin mißtrauisch an.

«Sind Sie sicher, daß Sie völlig gesund sind?» fragte ein Mann, und ein anderer sprach davon, er habe gehört, die Tollwut sei wieder in Dänemark aufgetreten.

Ich versicherte allen, ich sei völlig gesund, aber es schien, daß sie mir nicht glaubten. Zum Schluß wurde ich gereizt und sagte, wenn es mir Spaß mache, in meinem eigenen Garten zu knurren, so brauchte ich sie nicht um Erlaubnis zu fragen und sie sollten gefälligst verschwinden. Da zogen sie sich endlich zurück. Aber von der Gartenpforte aus konnte ich sehen, wie sie sich ständig nach mir umsahen, zweifellos, um sich zu überzeugen, daß ich nicht angerast kam, um sie in die Beine zu beißen.

Seitdem haben die Leute hier in der Gegend ein nervöses Zucken im Gesicht, wenn ich jemanden anspreche, und die Leute in der Nähe machen nach Anbruch der Dunkelheit lieber einen Umweg, als an meinem Haus vorbeizugehen.

Nur vor meinem Hund fürchtet sich keiner.

Eine Begegnung

Ich wartete auf die Straßenbahn, als mir plötzlich jemand auf die Schulter schlug. Ich drehte mich um und sah, daß es ein Mann ungefähr in meinem Alter war, den ich noch nie zuvor gesehen hatte. Ich sah ihn gereizt an, denn ich hasse es, wenn man mir auf die Schulter schlägt.

«Tach, altes Haus», sagte der Mann und grinste mich an. «Hast mich wohl beinahe nicht wiedererkannt, was?»

«Nee», sagte ich, «ich bin etwas überrascht.» Ich hatte keine Ahnung, wer er war, aber es fällt mir ja überhaupt schwer, Leute wiederzuerkennen.

«Na ja, ist auch lange her», meinte der Fremde.

«Ein paar Tage werden es schon sein», sagte ich verunsichert.

«Ja, ja.» Er nickte. «Aber das waren Zeiten damals!»

«Ja, ja, das waren Zeiten», bekräftigte ich. Das konnte ja nicht falsch sein. Irgendwelche Zeiten hat man ja immer mit irgend jemand verlebt.

Ich dachte fieberhaft nach, woher ich den Mann kennen könnte, aber es fiel mir nicht ein.

«Na, bist du immer noch verheiratet?» fragte er.

Ich sagte, daß ich immer noch verheiratet sei.

«Vielleicht immer noch mit derselben?» fragte er scherzhaft.

Das war eine schwierige Frage, die ich nur beantworten konnte, wenn ich gewußt hätte, wann ich mit ihm zusammengetroffen war. Ich entschied mich für die Antwort, daß es immer noch dieselbe wäre.

«Und du?» fragte ich. Ich stellte die Frage absichtlich auf diese Weise, um meine Unkenntnis seines Familienstandes nicht zu offenbaren.

«Nee, Alter», sagte er. «Ich habe mein Gelöbnis gehalten. Unverheiratet!»

Da dämmerte es mir plötzlich. Er hieß sicher Egon. Es war lange her, daß ich ihn gekannt hatte, aber nun glaubte ich, mich zu erinnern.

«Ja, das waren Feten, die wir damals gefeiert haben», sagte ich, glücklich, ihn endlich eingeordnet zu haben.

«Ja», grinste er entzückt. «Weißt du noch, wie du das Klavier umgeworfen hast?»

Daran konnte ich mich nicht erinnern, aber ich konnte auch nicht ausschließen, etwas dieser Art angestellt zu haben.

«Und wie du den Leuten Bierflaschen auf die Köpfe geworfen hast», sagte ich.

«Hab ich das gemacht?» fragte er. «Hab ich völlig vergessen. Ach ja, das waren Zeiten!»

Ich sagte, ich sei auch der Meinung, daß das damals Zeiten waren.

«Weißt du was, Einar», sagte er, «wollen wir uns nicht mal einen Abend zusammensetzen und in alten Erinnerungen schwelgen?»

«Einar?» fragte ich verwundert. «Ich heiße nicht Einar.»

«Du bist nicht Einar?» fragte er überrascht.

«Nein», sagte ich. «Sag mal, bist du vielleicht auch nicht Egon?»

«Egon?» fragte er verblüfft. «Nein, ganz bestimmt nicht. Es scheint so, als ob wir uns überhaupt nicht kennen.»

«Nein», sagte ich, «ich fürchte, wir sind nicht die, die wir glauben.»

Glücklicherweise kam da meine Straßenbahn, so daß ich mich mit einem Satz aufs Trittbrett aus der eigenartigen Situation retten konnte. Aber während der ganzen Fahrt mußte ich darüber nachdenken, was das wohl für zwei Personen gewesen waren, von denen wir geglaubt hatten, daß wir sie gewesen seien.

Aber sicher haben wir es noch viel schlimmer getrieben als die!

Nur ziehen und loslassen!

Sicher kommen manche Leser dieser Geschichte auf den Gedanken, daß es sich hier um so etwas Abwegiges wie ein WC handelt – und so ist es auch. Es dreht sich um ein WC, und dazu auch noch um mein eigenes.

Daß ich etwas über mein WC zu berichten habe, liegt daran, daß ich mir vor einigen Jahren in der Umgebung von Kopenhagen ein sehr hübsches, aber nicht besonders großes Holzhaus kaufte. Bevor ich es übernahm, war es dreißig Jahre lang, Sommer wie Winter, von einem älteren Ehepaar bewohnt worden, bis die beiden mit über Achtzig starben.

Dieses triste Ereignis brachte die Gemeindeverwaltung zu der Überzeugung, daß es lebensgefährlich sei, dieses Haus im Winter zu bewohnen, weshalb sie anordnete, daß dieses Haus nur im Sommer bewohnt werden dürfe, im Winter aus gesundheitlichen Gründen aber nicht.

Uns erschien das etwas verdrießlich. Wir hätten lieber die Erlaubnis gehabt, im Winter dort zu wohnen als im Sommer, denn im Sommer kommt man leichter ohne Dach über dem Kopf aus. Ich schrieb daher einen offiziellen Antrag an die Verwaltung mit der Bitte, unser Holzhaus auch im Winter bewohnen zu dürfen.

Zu unserer großen Freude erhielten wir die Erlaubnis. Eine zehn Jahre gültige Wohnerlaubnis, aber unter der Bedingung, daß wir ein WC einbauten. Und damit beginnt die eigentliche Geschichte, denn es erwies sich, daß der Einbau eines WCs viel komplizierter ist, als man sich das vorstellt.

Zuerst einmal wußte ich nicht, wie sich die Art von Menschen nennt, die WCs einbaut, aber es glückte mir, herauszufinden, daß sie sich Installateure nennen. Von der Sorte haben wir hier einige in der Gegend. Aber leider hatten sie kein großes Interesse daran, ein einzelnes popliges WC zu installieren, denn natürlich ist es viel lohnender, in einem großen Neubau fünfzig WCs auf einen Schlag anzuschließen. Allmählich begann ich zu überlegen, ob ich den Auftrag nicht etwas in die Höhe schrauben könnte, kam aber zu dem Ergebnis, daß die Höchstzahl von WCs, die wir gebrauchen konnten, nur vier war (wir sind zwei Erwachsene, ein Kind und ein Hund) und daß ich auch damit nicht mit den Neubauten konkurrieren konnte. Daher gab ich den Gedanken auf.

Aber schließlich glückte es mir doch, einen Installateur aufzutreiben, der den Auftrag übernehmen wollte. Er kam und sah sich das Haus an, und wir waren uns einig, daß es nur eine Möglichkeit gab, nämlich das WC ins Waschhäuschen einzubauen. Das bedeutete, daß wir eine besondere Art von WC nehmen mußten, mit einer frostfreien Sickergrube und was weiß ich noch alles, was die Angelegenheit natürlich verteuern würde. Aber da meine WC-Kenntnisse, außer daß ich weiß, wie man es benutzt, gering sind, vertraute ich dem Fachmann.

Das war das erste Kapitel; im nächsten Kapitel tritt der Gemeindearchitekt auf.

Es erwies sich nämlich, daß man für den Einbau eines WCs einen Architekten hinzuziehen muß, wovon ich vorher keine Ahnung gehabt hatte. Auf den Rat des Installateurs nahm ich einen Architekten, den er kannte, der bei der Gemeinde angestellt war und der daher deren WC-Richtlinien kannte, was die behördliche Abnahme erleichtern würde. Ich kannte zwar selber auch einen Architekten, aber der ist von der Sorte, die an Wettbewerben teilnimmt, ständig Preise für Projekte zur Verschönerung von Rathausplätzen gewinnt und die fordert, daß alle umliegenden Gebäude einschließlich des Rathauses dem Erdboden gleichgemacht werden. Ich wagte nicht, daran zu denken, was der bei meinem WC-Einbau alles würde abreißen wollen. Ich entschied mich daher für den Gemeindearchitekten.

Der Architekt kam an einem dunklen Herbstabend, als wir beim Abendessen saßen. Er kündigte seine Ankunft mit einem gewaltigen Bummern an die Wand an, was das ganze Haus erzittern ließ. Wie sich später herausstellte, kam das daher, daß er versucht hatte durch die Wand zu gehen, und zwar dort, wo nach

Bauplänen, die er mitgebracht hatte, eine Tür hätte sein müssen, aber nicht war.

Der Architekt war 72 Jahre alt. Das erzählte er uns selbst und fragte gleichzeitig, ob man ihm das ansehe, was wir natürlich verneinten. Die Pläne, die er sich im Gemeindebüro ausgeliehen hatte, waren höchst sonderbar. Danach hätte das Haus doppelt soviel Zimmer haben müssen, als es wirklich hatte, und die Küche lag ganz falsch. Ob das Haus jemals so ausgesehen hat, kann ich nicht sagen, zu unserer Zeit jedenfalls nicht.

Die Nichtübereinstimmung von Plänen und Wirklichkeit irritierte den Gemeindearchitekten aber nicht. Er zeigte uns, wo er gedacht hatte, das WC anzubringen, was auf der Zeichnung sehr vernünftig aussah. In die Wirklichkeit projiziert, erwies sich aber, daß das WC an der einen Seite des Küchentisches plaziert sein würde. Deshalb protestierten wir und versuchten, ihm begreiflich zu machen, daß seine Pläne falsch seien.

Dies verwirrte ihn sehr. Er behauptete, die Zeichnungen seien richtig, und das Haus wäre verkehrt. Endlich glückte es uns, ihn dazu zu überreden, an einem anderen Tag wiederzukommen und neue Pläne nach dem bestehenden Haus anzufertigen.

Diesmal kam er an einem Samstagnachmittag und hatte seine Frau mitgebracht. Sie saß bei uns in der Stube und trank Kaffee, während ihr Mann das Haus vermaß. Es war sehr schwierig, sich mit ihr zu unterhalten, obwohl ich vom Atlantikpakt bis Denver Clan alle möglichen Themen durchprobierte. Als der Architekt mit seiner Vermesserei fertig war, trank auch er Kaffee, und da die beiden den Rest des Tages bleiben zu wollen schienen, mußten wir sagen, daß wir sie leider nicht zum Abendessen einladen könnten, da wir selber woanders eingeladen wären.

Die Architektenfrau sagte, wenn sie das gewußt hätten, dann hätten sie sich vorher telefonisch angekündigt.

Nach einigen Wochen erhielten wir die Pläne. Ich schickte sie sofort an die Gemeindeverwaltung. Es dauerte einige Monate, bevor wir sie genehmigt zurückerhielten, aber man hatte eine Leitung um 5 cm verlegt, und so etwas braucht ja seine Zeit.

Aber endlich konnte mit der Arbeit begonnen werden. Es war allerhöchste Zeit, denn wenn erst einmal Frost einsetzte, konnten wir in diesem Jahr kein WC mehr kriegen. Zuerst kam einer, der sich Kanalisationsmeister nannte. Er verbrachte die folgenden Tage damit, unsere Rasenflächen und schönsten Rosenbeete zu zerstören. Dann sagte er, mit den Plänen könne etwas nicht stimmen, denn laut Zeichnung sollte es eine Verbindung zwischen einem Brunnen und der Abwasserleitung unter dem Weg geben. Das aber war nicht der Fall. Ich verwendete einige freundliche Gedanken an den Gemeindearchitekten und fragte den Kanalisationsmeister, ob er diese Verbindung nicht herstellen könnte. Er sagte, daß dies kein Problem für ihn wäre, und er schätzte, für fünfzig Kronen ließ sich das leicht machen. Das Problem war leider nur, daß die

Gemeinde das nicht gestattete, weil sie diese Art von Arbeiten selber machen wolle.

Am nächsten Tag radelte ich mit den falschen Plänen zum Gemeindebüro. Nachdem ich mit vierzehn verschiedenen Personen geredet hatte, glückte es mir, einen Mann zu finden, der so ungefähr begriff, um was es sich handelte. Er sah ein, daß die Pläne falsch waren, aber das hielt er für nicht besonders schlimm. Er strich das Verkehrte einfach durch, füllte dann ein Formular aus, das er mir gab, und sagte mir, ich solle an der Kasse zweihundert Kronen einzahlen, dann wäre die Arbeit in drei bis vier Wochen erledigt.

«In drei bis vier Wochen?» sagte ich. «Dann kann ja schon Frost herrschen. Das kann doch nicht Ihr Ernst sein!»

«Hier geht alles der Reihe nach», sagte er. «Wir können Sie nicht anderen vorziehen.»

«Ja, aber das ist doch die Schuld der Gemeinde! Die hat doch den Fehler gemacht», rief ich, «also muß sie das auch rechtzeitig in Ordnung bringen! Sonst ist es viel zu spät!»

Er sah mich nur kühl an und sagte, ich solle mich nicht aufregen.

«Ich rege mich nie auf!» brüllte ich und schrie noch eine Menge von kommunaler Schlamperei und meinen Rechten als Steuerzahler, ohne allerdings meine Steuerschulden zu erwähnen. Ich hörte erst auf, als ich gewahr wurde, daß der Mann gar nicht mehr da war. Also ging ich zur Kasse und zahlte die zweihundert Kronen ein.

Nach einigen Wochen kamen dann welche von der Gemeinde. Es waren acht Männer und ein Mann, der sie beaufsichtigte, und einer, der darauf aufpaßte, daß der Aufpasser richtig aufpaßte. Es imponierte mir, daß sie für die Arbeit nur das Vierfache von dem nahmen, was der Kanalisationsmeister verlangt hätte. Die Arbeit dauerte ein paar Tage, und dann konnte es endlich weitergehen.

Und einmal brach der Tag an, an dem nun das WC selbst installiert werden konnte. Der Installateur kam mit einigen Helfern, und die Arbeit begann. Ich sah nervös zu. Handwerker machen mich immer nervös. Sie haben die Angewohnheit, immer so aufzutreten, als ob sie da eine hoffnungslose Aufgabe übernommen hätten.

«Scheiße, verfluchte!» sagen sie, wenn sie ein kleines Loch in eine Wand bohren wollen. «Hier ist ja überhaupt nicht durchzukommen! Probier mal von der anderen Seite, Ohlsen!»

Ohlsen probiert es von der anderen Seite und beginnt sofort zu fluchen.

«Mist, von hier aus geht's überhaupt nicht», sagt er. «So ein saublödes Haus! Was für ein Idiot hat das bloß gebaut?»

Man steht da und schaut ihnen bekümmert zu, und es wird einem immer klarer, daß sich die Arbeit überhaupt nicht machen läßt, und dann ist plötzlich doch das Loch in der Wand, und man atmet erleichtert auf.

Aber das dauert nur einen Augenblick, denn plötzlich haut wieder etwas anderes nicht hin – eine elektrische Leitung ist den Arbeiten im Wege.

«Verdammt, welcher Hornochse hat denn diese Leitung hier gelegt», sagt Ohlsen, «waren Sie das?»

«Nein, nein», sagt man dann hastig, «die war schon vor meiner Zeit hier.»

«Is auf jeden Fall ein Schildbürgerstreich», sagt Ohlsen und sieht mich durchdringend an.

In der Art fluchen und toben sie weiter, aber allen Schwierigkeiten zum Trotz gelingt es ihnen dann doch, die Arbeit auszuführen. Und so war das auch mit unserem WC. Eines schönen Tages war es fertig und zur Benutzung bereit. Von Anfang bis Ende war ein halbes Jahr vergangen.

In der gleichen Nacht kam Frost, und in dem garantiert frostfreien Wasserspeicher fror sofort das Wasser, und das WC konnte nicht benutzt werden. Das Wasser taute erst im Frühling wieder auf, und das war eine lange Wartezeit.

Weihnachten in alten Zeiten

«Vater», sagte Jens, «erzähl mir mal was von Weihnachten, als du so alt warst wie ich!»

«Soll ich dir von den ersten Weihnachten erzählen, als ich im Konsum angestellt war?» fragte ich.

«Ja», sagte Jens.

«Na gut, dann hör zu!» sagte ich. «Es ist viele Jahre her. Ich war damals sechzehn.»

«War das bei den Wikingern?» fragte Jens.

«Nein, die Wikinger waren da schon lange tot. Aber es war, als der alte König noch lebte. Du weißt doch, der, der immer auf einem Pferd durch die Straßen ritt.»

«Wozu hat er das gemacht?» fragte Jens.

«Das haben die Könige in der Vergangenheit eben so gemacht. Du siehst ja an den Statuen, daß sie immer auf Pferden sitzen. Aber nun hör zu! Ich war, wie gesagt, sechzehn und hatte gerade den Realschulabschluß gemacht.»

«Was ist Realschulabschluß?»

«Das ist eine sehr schöne Prüfung, die man machen kann, wenn man sehr fleißig und tüchtig ist», sagte ich. «Wenn du in der Schule fleißig bist, kannst du vielleicht auch einmal den Realschulabschluß machen.»

«Was war nun mit Weihnachten im Konsum?» fragte Jens.

«Ja weißt du», fuhr ich fort, «ich war also mit der Schule fertig und sollte hinaus ins Leben, daher fragte mich mein Vater, in was für eine Art Leben ich denn hinaus wolle. Ich wußte es nicht genau. Ich konnte mir vorstellen, Entdecker zu werden, und ich hätte auch nichts gegen Achterbahnführer im Tivoli gehabt, aber mein Vater meinte, das wäre nichts. Und deshalb entschied er, daß ich Direktor werden sollte.»

«Bist du aber nicht geworden», sagte Jens.

«Nein», gab ich zu, «das hat nicht geklappt. Aber es war beabsichtigt. Und so wurde entschieden, daß ich erst den Handel von der Pike auf lernen und danach die Handelsschule besuchen sollte. Danach sollte ich eine Direktorenstellung finden. Aber zuerst mußte ich also in die Lehre, und mein Vater fand eine Lehrstelle für mich in einem Konsumverein.»

«Was hast du im Konsum gemacht?» fragte Jens.

«Ich bediente die Kunden», erklärte ich, «und ich wog Mehl und Zucker ab oder füllte Petroleum in Flaschen und putzte die Fenster oder wischte den Fußboden auf. So lernte ich viel Nützliches. Aber damals mußte man natürlich ganz schön ran. Die

Arbeitszeit war lang; das war nicht so wie heute, wo die Leute ununterbrochen kürzere Arbeitszeit und höhere Löhne fordern. Nein, wir waren nicht arbeitsscheu. Wir öffneten Punkt sieben Uhr morgens und schlossen erst abends um sechs, außer freitags, da hatten wir bis sieben auf und am Samstag sogar bis abends um neun. Ja, damals mußte man noch was tun.»

«Was hast du dafür gekriegt?» fragte Jens.

«Gekriegt? Überhaupt nichts», sagte ich. «Im Gegenteil! Ich mußte monatlich 25 Kronen bezahlen. Aber für das Geld bekam ich nicht nur freie Kost, sondern auch ein Zimmer, das ich mir mit einem anderen Lehrling teilte. Dafür bekam ich die Erlaubnis, wöchentlich 75 Stunden zu arbeiten. Das war faktisch sehr billig.»

«Du wolltest doch von Weihnachten erzählen», sagte Jens.

«Ja, ja», sagte ich. «Jetzt kommt es. Wenn es auf Dezember zuging, konnte man schon etwas von Weihnachten im Konsum merken. Das Geschäft wurde mit Tannenzweigen und Nüssen geschmückt, und auch draußen auf der Straße brachten wir Christbaumschmuck an. Es war nämlich so, daß der freie Kaufmann im Ort und der freie Eisenwarenhändler und der nicht weniger freie Textilwarenhändler und Bäcker sich zusammengetan hatten, um die Stadt weihnachtlich zu schmücken, aber sie wollten uns nicht dabeihaben.»

«Warum wollten die das nicht?» fragte Jens.

«Weil sie so frei waren, daß sie uns nicht leiden konnten. Aber uns war das egal, wir machten unsere Weihnachtsdekoration selber, und die wurde viel schöner als die der anderen.»

«Das geschah denen recht», stellte Jens fest.

«Ich glaube auch, die haben sich ganz schön geärgert», sagte ich. «Aber weißt du, wo der Schalter für die elektrischen Weihnachtskerzen war?»

«Nein», sagte Jens. Wie sollte er auch.

«Der war in meinem Zimmer, und jeden Nachmittag, wenn es dunkel wurde, war ich derjenige, der den Schalter betätigen und die Lichter einschalten mußte. Es war wunderbar, daß ich das durfte, obwohl ich doch noch gar nicht lange da war.»

«Hat das Spaß gemacht, zu Weihnachten im Konsum zu sein?» fragte Jens.

«Ja sehr», sagte ich, «denn wir kriegten Apfelsinen und Marzipan und Wunderkerzen mit nach Hause, aber es war auch anstrengend. Es kamen viele, viele Kunden, und in der letzten Woche vor Weihnachten hatten wir täglich bis abends um neun geöffnet, und wenn wir zugemacht hatten, mußten wir erst alle Regale wieder auffüllen und dann die Bestellungen fertigmachen, die am nächsten Tag mit dem Auto ausgeliefert werden sollten, und deshalb wurde es jeden Tag nach Mitternacht, bevor wir ins Bett kamen.»

«Warst du da nicht müde?» fragte Jens mitleidig.

«Ja», gab ich zu, «ich war sehr müde. In den letzten Tagen lief ich fast wie in Trance herum, nur der Gedanke an Weihnachten hielt mich aufrecht, da ich ja zu Hause bei Vater und Mutter feiern würde, wo es, wie ich wußte, Gänsebraten mit Rotkohl und Bratkartoffeln gab. So wie damals habe ich mich nie wieder auf einen Heiligabend gefreut.»

«Hattet ihr Heiligabend auch lange auf?» fragte Jens.

«Nein, da schlossen wir um zwei. Dann versammelten wir uns bei Kaffee und Kuchen beim Leiter und dessen Frau. Und nun paß auf! Ich hatte Angst, daß ich für Dezember noch Lehrgeld dazuzahlen müßte, denn im Dezember hatte ich ja viel mehr als in den anderen Monaten gearbeitet. Aber davon war überhaupt nicht die Rede. Ganz im Gegenteil, am Kaffeetisch gab der nette alte Konsumleiter jedem von uns ein Kuvert, und als ich es öffnete, lagen dort wahrhaftig fünfzehn Kronen drin, und die waren für mich ganz allein.»

«Was hast du dafür gekauft?» fragte Jens.

«Nichts», sagte ich, «die Geschäfte waren ja zu. Aber als wir den Kaffee getrunken hatten, zog ich mich um, wusch mich und fuhr nach Hause zu meinem Vater und meiner Mutter. Als ich zu Hause ankam, wurde gerade der Milchreis aufgetischt.»

«Milchreis?» fragte Jens erstaunt.

«Ja, das war das Dumme an Heiligabend, daß wir uns zuerst an Milchreis satt essen mußten, sonst gab es nichts von der Gans. Aber als Eßanreiz war eine Mandel im Milchreis versteckt, und wer die Mandel fand, der erhielt ein Geschenk.»

«Warst du das?» fragte Jens.

«Nein, die Mandel wurde überhaupt nicht gefunden, und deshalb kriegte meine Großmutter das Mandelgeschenk. Weil sie Milchreis nicht mochte, schlang sie große Portionen einfach herunter, und dabei konnte sie nicht merken, ob die Mandel dabei war. Deshalb bekam immer sie das Mandelgeschenk, wenn die Mandel nicht gefunden wurde.»

«Aber das hättest doch genausogut du sein können», meinte Jens.

«Wir alle hätten es sein können», sagte ich, «denn keinem von uns schmeckte der Milchreis; aber es war nun mal Tradition, daß Großmutter das Geschenk bekam. Aber hör weiter! Als wir den Milchreis gegessen hatten und der Gänsebraten serviert werden sollte, war mir plötzlich nicht gut. Ich mußte mich ins Bett legen. Ich schlief sofort ein, verschlief Heiligabend und den ersten Feiertag und erwachte erst spät am zweiten Feiertag. Da war die Gans schon längst verspeist, aber ich bekam meine Weihnachtsgeschenke: drei Schlipse und eine Zahnbürste. Danach aß ich vierundzwanzig belegte Brote, und dann war es Zeit, sich auf den Weg zu machen zurück zum Konsum, wo ich frisch und munter am nächsten Tag um sieben zur Arbeit erscheinen mußte. Ja, siehst du, das war so eine richtig schöne Weihnacht.»

Wintermüdigkeit

«Ich denke, ich werde mich mal ein bißchen hinlegen», sagte ich zu meiner Frau und wollte mich aufs Sofa legen.

«Ja, aber erst, wenn du mir beim Abwaschen geholfen hast», sagte sie streng.

«Ich bin zu müde», versuchte ich es, aber da war nichts zu machen.

Einen Augenblick später befand ich mich in der Küche, gekleidet in eine lächerliche geblümte Schürze und mit einem Geschirrhandtuch in der Hand. Ich gähnte laut und hingebungsvoll und seufzte danach tief.

«Kannst du dich nicht ein bißchen beherrschen?» fragte meine Frau. «Was ist los mit dir?»

«Müdigkeit», sagte ich, nahm ein Glas und begann es zu polieren. «Das ist die Wintermüdigkeit, die sich bemerkbar macht. Die plagt mich jedes Jahr.»

«Wintermüdigkeit?» sagte meine Frau skeptisch. «Wie äußerst sie sich?»

«Sie zeigt sich in einem fast unüberwindlichen Widerwillen gegen das Aufstehen am Morgen und einem mächtigen Ekel vor jeder Form von Arbeit, einschl...»

«Mir scheint, das hast du immer», sagte sie. «Du warst genauso müde, als wir vom Sommerurlaub zurückkamen, und da war ja wohl kein Winter.»

«Nein, aber da war Herbst», erklärte ich. «Da litt ich unter Herbstmüdigkeit. Die ist auch sehr unangenehm.»

«Und wie äußert sich die?» fragte meine Frau.

«Man kann es nur so beschreiben, daß es fast unmöglich ist, morgens aufzustehen. Und man hat einen schrecklichen Widerwillen gegen jede Arbeit, inklusive...»

«Du solltest ein paar Vitamintabletten nehmen», schlug meine Frau vor.

«Vitamintabletten», lachte ich verächtlich. «Ich bin gegen die ganze Tablettenfresserei. Aber ich habe gehört, daß ein oder zwei Gläser Rotwein Wunder wirken können. Dadurch nimmt man alles nicht so schwer und grübelt nicht so viel.»

«Grübeln», sagte meine Frau, «über was grübelst du?»

«Über das, was alle Menschen beschäftigt: die Wasserstoffbombe und die Steuererhöhung und so.»

«Puha», spottete sie, «du fällst ja gar nicht unter die Erhöhung. So viel verdienst du ja gar nicht.»

«Nein, und ich mache auch keine Wasserstoffbomben», sagte ich böse, «aber deshalb darf ich doch wohl darüber nachdenken.»

«Ich werde dir morgen ein paar Vitamintabletten kaufen», sagte meine Frau, «und dann kannst du dich ja damit trösten, daß der Winter bald vorbei ist.»

«Winter vorbei», sagte ich bitter, «aber dann kommt der Frühling und die ...»

Ich schwieg resigniert, nahm einen neuen Teller und rieb an ihm herum. Es kam mir plötzlich aussichtslos vor, einer unverständigen Frau zu erklären, daß es so etwas wie Frühjahrsmüdigkeit gibt, eine widerliche Form der Müdigkeit, die sich in körperlichem Unbehagen gegen das morgendliche Aufstehen äußert und einem Ekel vor allem, was mit Arbeit verbunden ist, einschl ...

Das Nachthemd

Meine Frau hatte mir gesagt, daß sie sich zum Geburtstag ein Nachthemd wünschte, und mir zu verstehen gegeben, daß sie fest damit rechne, es auch zu kriegen. Da gab es keinen anderen Ausweg, ich mußte den Mut fassen und in ein Geschäft gehen und es kaufen, obwohl ich mich bei so einem Kauf schrecklich geniere.

Ich ging also in ein Kaufhaus und fand nach einigem Suchen die Abteilung, in der man intime Kleidungsstücke dieser Art verkaufte. Wie erwartet, waren dort nur Frauen, sowohl hinter als auch vor dem Verkaufstisch. Ich wäre am liebsten wieder gegangen, aber die Angelegenheit mußte überstanden werden.

«Kann ich Ihnen helfen?» Eine niedliche kleine mürrische Verkäuferin wandte sich an mich. Nun war es in jedem Fall zu spät, um zu fliehen.

«Ich möchte ein Nachthemd», sagte ich mit fester Stimme, «es ist für meine Frau.»

Letztere Ergänzung war nicht nur überflüssig, sondern auch geradezu töricht. Denn nun war nicht nur die Verkäuferin, sondern auch die zunächst stehende

Kundin davon überzeugt, daß ich das Nachthemd *nicht* für meine Frau kaufte.

«Welche Größe hat Ihre Frau?» fragte die Verkäuferin.

«87», sagte ich, um einfach überhaupt etwas zu sagen. Ich hatte keine Ahnung von Nachthemdgrößen und hätte genausogut 64 sagen können.

«Das kann unmöglich stimmen», lächelte die Verkäuferin. «Ist Ihre Frau groß oder klein?»

«Oh, sie ist sehr normal.»

«Etwa meine Größe?» schlug sie vor.

«Vielleicht etwas größer», sagte ich, «aber sie hat nicht so viel . . . äh ich meine . . .» Ich wagte nicht, zur Seite zu blicken. Ich hatte das Gefühl, daß mich alle anderen Kundinnen beobachteten.

«Dann wird es wohl Größe 42 sein», sagte die Verkäuferin. «Hier ist ein reizendes Modell, das eben hereingekommen ist.» Sie legte etwas Dünnes mit Stickerei und Spitzen und was weiß ich auf den Tisch. «Das kommt aus Italien», klärte sie mich auf.

«Ja, das sehe ich», sagte ich verwirrt.

«Woran sehen Sie das?» fragte sie erstaunt.

«Ich war letzten Sommer in Italien», sagte ich, sah aber selbst ein, daß dies eine unglückliche Erklärung war, und murmelte schnell etwas von prächtigen Spaghetti, die man dort unten kriegt.

«Fühlen Sie mal, was das für ein schöner Stoff ist!» Die Verkäuferin hielt mir das Nachthemd hin.

«Er ist durchsichtig», bemerkte ich.

«Stört Sie das?» fragte sie.

«Ja», sagte ich verzweifelt, «äh, nein wollte ich sagen... ach Quatsch! Ich meine, ist es nicht ein bißchen kalt im Winter?»

Eine Dame an meiner Seite schnaubte laut. Es war mir schrecklich peinlich.

«Sehen Sie mal!» Die Verkäuferin hielt sich das Nachthemd vor, damit man richtig sehen konnte, wie es sich machte. Es sah aus, als hätte sie es angezogen, und ich errötete bis in den Nacken.

«Was kostet es?» schrie ich außer mir. Ich wollte endlich Schluß machen.

«184 Kronen», sagte sie. Das war doppelt soviel als ich mir gedacht hatte, aber ich nahm es trotzdem. Ich wollte nicht noch mehr Nachthemden gezeigt kriegen.

Ich war wirklich erleichtert, als ich kurz darauf mit dem Päckchen unter dem Arm auf der Straße stand. Aber wenn meine Frau sich einmal einen Büstenhalter wünscht, den werde ich auf gar keinen Fall kaufen.

Ruhe zum Arbeiten

In einem Sommer verbrachte ich einmal einige Zeit in einem kleinen Einzimmerhaus, um ein Buch zu vollenden, von dem ich annahm, daß es das beste werden würde, das ich je geschrieben hatte, ja das beste dänische Buch dieses Jahrhunderts schlechthin.

Ich war schon früher öfter weggefahren, um Ruhe zum Arbeiten zu haben, aber dann war ich immer in ein Hotel in der einen oder anderen kleinen Provinzstadt gezogen. In einem Hotel zu wohnen hat viele Vorteile. Man lebt verhältnismäßig komfortabel. Es wird saubergemacht, das Essen wird serviert, so daß man seine Gedanken ganz auf die Arbeit konzentrieren kann.

Inzwischen aber lebt man in Hotels nicht mehr so gut. Das schlimmste daran ist, daß es immer Leute gibt, die morgens um vier hin und her zu laufen beginnen, die Türen zuschmeißen und sich laut etwas zurufen. Wer das macht und warum, konnte ich nie herausfinden, aber es hat sich in allen Hotels wiederholt, in denen ich je gewohnt habe. Vielleicht stellen die Hotels extra Leute an, die morgens herumlaufen und mit den Türen knallen müssen, um den Eindruck von Geschäftigkeit zu erwecken. Was weiß ich.

Ein anderes Ungemach beim Wohnen im Hotel ist, daß die Reinigung des Zimmers in der Regel den ganzen Vormittag dauert, so daß man in dieser Zeit ziellos durch die Straßen der Stadt streifen und die Bilder an den Kinos betrachten muß oder was einem sonst einfällt. Bei Regenwetter muß man ins Heimatmuseum gehen, und das ist das Langweiligste, was ich kenne. Ich konnte noch nie etwas an einem alten Wagenrad oder einer Hellebarde finden, oder was das auch immer für uninteressante Dinge sein mögen, mit denen man die Heimatmuseen füllt.

So gesehen war es völlig sinnlos, von zu Hause wegzuziehen, um Ruhe zum Arbeiten zu haben, denn ich habe zu Hause ein ausgezeichnetes Arbeitszimmer. Aber wenn man drei Kinder, einen Hund und eine Frau hat, so nützt einem das nichts.

Es passiert immer etwas, wenn man eine Familie um sich herum hat. Unaufhörlich ist Rabatz zu hören, und dann muß man raus und nachgucken, welches von den Kindern denn nun wieder zu Schaden gekommen ist. Und wenn man das hinter sich und den Faden seiner Gedanken endlich wiedergefunden hat, kommt die Frau und sagt, daß der Abfluß verstopft ist und ob man nicht mal nachsehen wolle. Dann versucht man eine Stunde lang den Abfluß zu entstopfen, bis man es schließlich aufgibt und nach dem Klempner schickt, der das in fünf Minuten in Ordnung bringt und dafür fünfundzwanzig Kronen verlangt. Und wenn dann endlich wieder Ruhe herrscht, klingelt das Telefon, und der Kaufmann fragt, ob er einem eine Rechnung schicken darf, die schon ziemlich alt ist.

Ich glaube, wenn so wenige Meisterwerke das Licht der Welt erblicken, so ist das die Schuld der Kinder, Hunde, Ehefrauen und Kaufleute.

In dem Jahr, in dem ich an meinem besten Buch arbeitete, war das völlig verrückt. Die Kinder fielen in einem Tempo die Treppen herunter, wie wir das zuvor noch nie erlebt hatten. Meine Frau verstauchte sich die Hand und wurde fast arbeitsunfähig. Tanten und dergleichen kamen ständig unangemeldet zu Besuch. Und als Tüpfelchen auf dem i kam unsere Hündin plötzlich mit zehn Welpen nieder.

Wir hatten nicht im geringsten geahnt, daß sie in anderen Umständen gewesen war, aber nun war sonnenklar, daß sie es gewesen war. Ich bestand darauf, daß diese Tiere umgehend getötet werden sollten, aber dieser Entscheid traf auf den entschiedenen Protest aller übrigen Familienmitglieder, die verlangten, daß die Mutter sie behalten dürfe, bis sie groß wären und man sie Tierfreunden schenken könne, bei denen sie es gut hätten. Das brachte das Faß zum Überlaufen und führte dazu, daß ich mir ein Haus auf einer Insel mietete, um in Ruhe arbeiten zu können.

Die Insel lag in einem Fjord, und ich fuhr mit dem Fahrrad dorthin oder genauer gesagt zu der Stelle, von der man mit der Fähre zur Insel übersetzen konnte. Es war eine anstrengende Fahrt. Mein Fahrrad war schwer belastet mit persönlichem Bedarf, Bettzeug und natürlich mit meiner Schreibmaschine und dem kostbaren halbfertigen Manuskript. Der Wind kam, wie gewöhnlich, von vorn, und von einem einzigen lächerlichen Berg abgesehen, bei dem es abwärts ging, bestand die Strecke nur aus Steigungen. Ich kam erst am Abend bei der Fähre an, um festzustellen, daß in den nächsten Wochen nicht übergesetzt werden konnte, weil der Fährmann mit gebrochenem Bein im Krankenhaus lag.

Das war eine ungemütliche Situation. Allerdings bestand noch die Möglichkeit, von einem anderen Fährmann übergesetzt zu werden, der auf der anderen Seite des Fjordes wohnte. Das aber bedeutete eine Fahrradtour von siebzig Kilometern, und dann bestand keine Garantie, daß sich der andere Fährmann nicht auch ein Bein gebrochen hatte. Ich war dem Weinen nahe, als mir ein Mann zu Hilfe kam, der Sörensen hieß, ein Sommerhaus auf der Insel und ein privates Ruderboot besaß und mir anbot, mich mitzunehmen.

Das Ruderboot war nicht besonders groß, und es war etwas schwierig, mein Fahrrad und das übrige Gepäck darin unterzubringen. Sörensen blickte mißbilligend auf meine Schreibmaschine und fragte, warum ich denn ausgerechnet so ein Ding mit in den Urlaub nehme.

Ich sagte, daß ich nicht in den Urlaub fahre, sondern Schriftsteller sei und auf die Insel müsse, um zu arbeiten.

Sörensen sah mich noch mißbilligender an und fragte, was ich denn schriebe. Ob das Bücher und so'n Zeug sei.

Ich sagte, daß es Bücher und so'n Zeug sei, und Sörensen blickte fast beleidigt drein und vertraute mir an, daß er nie Bücher lese. Was drin stehe, sei ja nur Geschwätz und Gefasel.

Ich hätte ihn am liebsten gefragt, woher er das wisse, wenn er nie Bücher lese, aber ich traute mich nicht, aus Angst, er würde mich dann zum Festland zurückrudern. Statt dessen sagte ich etwas Versöhnlicheres und daß die Geschmäcker ja glücklicherweise verschieden seien.

Aber es hatte eindeutig einen schlechten Eindruck auf Sörensen gemacht, daß ich Bücher und so'n Zeug schrieb, denn er kam gleich auf dieses Thema zurück und fragte, ob ich meine Bücher nicht genausogut zu Hause schreiben könne. Ich erklärte ihm, daß zu Hause die Kinder zuviel Krach machten.

«Wieviel Kinder haben Sie denn?» fragte er.

«Drei», antwortete ich.

«Soviel sind das ja nun auch wieder nicht», sagte er.

«Na ja, Hunde sind auch noch da», rechtfertigte ich mich.

«Haben Sie vielleicht auch drei Hunde?» fragte er schnippisch.

«Wir haben zwölf», sagte ich.

Das beeindruckte ihn endlich, und er kam nicht mehr auf dieses Thema zurück.

Das Rudern bis zur Insel dauerte eine Viertelstunde, in der ich so dumm war zu verraten, daß ich Bridge spielen konnte. Und so hatte ich versprechen müssen, an einem Abend bei Sörensen, seiner Frau und seiner Tochter den vierten Mann zu machen.

Das gemietete Sommerhaus erwies sich als ziemlich klein, aber es war sehr nett eingerichtet und hatte Aussicht auf die See. Ich war zwar etwas enttäuscht darüber, daß es mitten in einer Sommerhauskolonie lag, hoffte aber trotzdem, Ruhe zum Arbeiten zu finden. Ich verspeiste mein mitgebrachtes Stullenpaket in der offenen Tür mit Blick auf die See, ging dann zu Bett und schlief froh und kommender friedlicher ausgiebiger Arbeitstage gewiß ein.

Am nächsten Morgen erwachte ich ausgeruht und gut aufgelegt. Ich machte mir eine Tasse Kaffee und schmierte mir einige Scheiben Weißbrot, die ich mitgebracht hatte. Dann schaffte ich etwas Ordnung im Haus, nahm danach mein Fahrrad und fuhr zum Kaufmann, der, wie ich erfahren hatte, ganz in der Nähe war, um mich zu verproviantieren.

Auf dem Weg zum Kaufmann rief mir aus einem der Sommerhäuser jemand etwas zu. Ich blieb stehen und sah, daß es sich um eine Dame handelte, die in einer Gegend, in der ich einmal gewohnt hatte, eine Eiskonditorei gehabt hatte. Sie war sehr erfreut, mich hier wiederzusehen, und lud mich gleich zum Kaffee ein.

Während wir Kaffee tranken, erzählte die Eiskonditoreidame viel von sich. Davon, daß sie mit einem Säufer verheiratet gewesen, jetzt aber geschieden war, und von ihren sechs Kindern, über deren Schicksal sie sich detailliert verbreitete. Das Haus hier hatte sie von einem Cousin gemietet, der Kellner in Kopenhagen war.

Dies alles zu erzählen dauerte natürlich seine Zeit, weshalb es spät am Tage war, als ich endlich von der Eiskonditoreidame loskam und meinen Einkauf beim Kaufmann erledigen konnte.

Der Kaufmann war eigentlich kein richtiger Kaufmann, und sein Laden bestand nur aus einer Bude, die vor eines der Sommerhäuser hingeklatscht worden war. Zum Ausgleich dafür kostete alles doppelt soviel wie anderswo. Der Einkauf dauerte seine Zeit, denn der Kaufmann mußte erst wissen, wie ich hieß, wo ich wohnte und wie lange ich bleiben wollte. Es schien, daß sich die Leute hier auf der Insel ziemlich stark füreinander interessierten. Schließlich wurde mir noch erlaubt, etwas zu kaufen, und endlich konnte ich zu meinem Haus zurückkehren, versehen mit einer ziemlichen Menge Bierflaschen, einer einzelnen Flasche Rotwein, Brot und Butter und Eiern und Käse und Wurst und außerdem noch mit drei Dosen mit etwas, das verlorener Schinken hieß, den mir der Kaufmann wärmstens empfohlen hatte.

Als ich ins Haus zurückkam, saß da ein Mann in der Stube. Er trug einen Vollbart und hatte ein paar alte

Niethosen und ein Hemd an, an dem ein Arm fehlte. Er sagte Tach, und ich sagte auch Tach. Er sagte, ich möge entschuldigen, daß er so einfach ins Haus eingedrungen sei, aber er kenne den Eigentümer des Hauses und hätte geglaubt, daß der für ein paar Tage hier wäre. Ich sagte, das wäre nicht der Fall, und er warf einen Blick auf meine Einkäufe und sagte, das wäre schön viel Bier. Ich fragte, ob er eins wolle, und er wollte gern.

Wir nahmen uns also ein paar Flaschen und begrüßten uns. Der Mann erzählte, daß er Kunstmaler sei und das ganze Jahr über hier in einem Haus wohne, das nicht weit weg wäre. Dann wies er mit der Flasche auf meine Schreibmaschine und mein Manuskript, das er augenscheinlich schon durchwühlt hatte, und fragte, ob ich Schriftsteller sei.

Als ich dies bestätigte, wollte er wissen, wie ich hieß, und als ich meinen Namen nannte, sagte er, dann kenne er mich sehr gut. Obendrein hatte er eines meiner Bücher gelesen, und das sei eines der besten gewesen, die er je gelesen hätte.

Das schmeichelte mir natürlich, und ich fragte ihn, welches von meinen Büchern es denn gewesen sei. Leider konnte er sich nicht daran erinnern, wie es hieß. Statt dessen erzählte er mir die Handlung und betonte dabei unausgesetzt, wie gut das Buch war.

Zuerst war ich etwas verwirrt, denn ich erkannte die Handlung überhaupt nicht wieder. Aber dann begriff ich endlich, daß es sich um gar kein von mir geschriebenes Buch handelte, sondern um das eines Kollegen, der sich durch einige humoristische Romane einen billigen Erfolg verschafft hatte. Ich teilte diese Tatsache dem Kunstmaler mit, der mich einen Augenblick verwundert ansah und sagte:

«Nein? Na ja, aber trotzdem war es einwandfrei.» Und er fuhr fort, sich über dieses törichte Buch auszulassen.

Als er endlich damit fertig war, das Buch meines Kollegen zu loben, sagte er, nun wolle er mir ein paar Ratschläge geben. Das, was die Leute haben wollten, sei Sex, und es gelte nur, ein Buch mit einer ausreichenden Menge Schweinereien zu füllen, dann müsse es einfach ein Bestseller werden.

Ich antwortete, daß ich ein ernsthaft arbeitender Künstler sei, der nicht auf den schlechten Geschmack des Publikums spekuliere, und im übrigen der Meinung sei, auf jenem Gebiet überhaupt keine Fähigkeiten zu haben. Aber diesen Einwand ließ der Rauschebart überhaupt nicht gelten.

Man müsse vielerlei drauf haben, erklärte er mir, anders könne kein Künstler existieren. Er selber male zwei Arten von Malerei. Die eine male er aus Neigung, weil es ihn dazu triebe. Die andere male er nur für den Verkauf, speziell für die Sommergäste hier, und diese Bilder müßten immer ein pikantes Motiv haben. Ich sollte mal eines Tages rüberkommen und mir seine Ausstellung ansehen.

Es dauerte vier Flaschen, bis ich den Maler los war,

und darüber war es Spätnachmittag geworden. Ich hatte überhaupt noch nicht gefrühstückt und Hunger wie ein Wolf. Also öffnete ich eine Dose des verlorenen Schinkens, der außerordentlich widerwärtig schmeckte. Ich mußte ihn mit Rotwein hinunterspülen. Als ich das erledigt hatte, war ich so müde, daß ich es nur noch schaffte, meiner Frau einen Brief zu schreiben, in dem ich ihr mitteilte, daß ich gut angekommen sei und hoffte, ihr und den Kindern und den lieben jungen Hunden gehe es gut. Dann warf ich mich aufs Bett und las einen Stapel Zeitschriften, die ein früherer Bewohner zurückgelassen hatte.

Am nächsten Morgen wurde ich von einer älteren Dame geweckt, die ihren Kopf durch das Fenster zu mir ins Zimmer steckte und fragte, ob ich einen kleinen weißen Hund mit einem schwarzen Fleck am Ohr, der Pjusk heiße, gesehen hätte. Ich verneinte, aber sie wiederholte, daß er einen schwarzen Fleck am Ohr hatte, als ob das was geändert hätte. Eine halbe Stunde lang quatschte sie durch das Fenster und ließ gleichzeitig ständig ihren Blick forschend durch mein Zimmer gleiten, so als ob sie mich verdächtigte, den Hund gestohlen und versteckt zu haben. Endlich verschwand sie mit der strengen Ermahnung, Pjusk sofort unbeschadet zu ihr zu bringen, wenn ich ihn träfe.

Als ich gefrühstückt und abgewaschen hatte, nahm ich die Hülle von der Schreibmaschine, in der Hoffnung, daß nun die Inspiration kommen würde und ich mit meinem Meisterwerk vorankäme. Ich setzte mich nicht hin, sondern ging auf und ab, denn so kommen mir die besten Gedanken. Ich war ein paar Minuten hin und her gegangen und fühlte, daß sich die Muse zum Küssen anschickte, als es laut an meine Tür klopfte. Es war Sörensen, der mir seine Frau vorstellen wollte. Gleichzeitig luden mich die beiden zu einer Partie Bridge am Abend ein. Ich versuchte abzulehnen, aber sie glaubten, ich sei zu bescheiden, und zu guter Letzt mußte ich versprechen zu kommen. Sie blieben in der Tür stehen, und ich fühlte, daß ich etwas unternehmen müßte, weshalb ich sie fragte, ob ich ihnen etwas anbieten könne.

Frau Sörensen sagte, daß sie zu einer Tasse Kaffee nie nein sage, und so kamen sie herein.

Ich kochte Kaffee, und während wir tranken, sah mich Frau Sörensen unablässig an und sagte dabei ununterbrochen:

«Aha! So sieht also ein Schriftsteller aus.»

Ich hätte gern gewußt, wie sie sich einen vorgestellt hatte.

Frau Sörensen erzählte mir übrigens, daß ihre Tochter, die den Realabschluß hatte, mich ausgezeichnet kenne und mehrere meiner Bücher gelesen habe. Sie sagte nichts davon, wie der Tochter die Bücher gefallen hatten, und ich traute mich nicht zu fragen, aus Angst, es könnte wieder ein Mißverständnis vorliegen, wie bei dem Maler.

Der ganze Vormittag ging mit Kaffeetrinken dahin.

Dann verschwanden die Sörensens endlich, nachdem sie mich noch einmal nachdrücklich an die Verabredung für den Abend erinnert hatten. Ich schmierte mir ein paar Wurststullen, aß sie und versuchte gleichzeitig, mich erneut auf meine Arbeit zu konzentrieren. Es dauerte eine Stunde, bis das Gehirn wieder funktionierte, und ich hatte mich gerade an die Schreibmaschine gesetzt und wollte gerade den ersten Satz niederschreiben, als die ältere Dame wieder den Kopf zum Fenster hereinstreckte und fragte, ob ich Pjusk noch immer nicht gesehen hätte.

Ich verneinte, aber es war offensichtlich, daß sie mir nicht glaubte. Ich erklärte, daß ich den ganzen Tag noch nicht draußen gewesen sei, was sie übelnahm. Sie war offenbar der Meinung, es sei meine Pflicht, mich an der Suche zu beteiligen.

Als sie gegangen war, schloß ich mein Fenster, obwohl es viel zu heiß war. Aber ich fand es ungemütlich, daß sich diese Hundedame zu jeder Zeit zu mir heranschleichen konnte. Ich versuchte erneut, mich zu konzentrieren. Bevor mir das jedoch glückte, ging die Tür auf, der Maler kam herein und wollte mich mit zu sich schleppen, damit ich mir seine Bilder ansehe.

Ich versuchte, ihm begreiflich zu machen, daß ich viel zu tun hätte, aber er wußte offenbar nicht, was das war. Daher gab ich auf und versprach, mit zu ihm zu kommen.

Bevor wir das Haus verließen, sagte der Maler, daß er mir leider überhaupt nichts anbieten könne. Leider habe er nichts im Hause, aber wenn ich ein paar Flaschen Bier mitnehmen wolle, würde er sie mir ein andermal zurückgeben.

Ich nahm zwei Flaschen mit, aber der Maler sagte, so geizig wie ich wäre er nun wahrhaftig nicht, worauf er noch vier weitere mitnahm. Das waren meine letzten gewesen, und so war ich also wieder gezwungen, die Zeit damit zu vergeuden, zum Kaufmann zu fahren, wenn ich mich nicht selber dem Durst aussetzen wollte.

Das Haus des Malers war das unordentlichste, das ich je gesehen hatte, und ich konnte nicht begreifen, wie er es darin aushielt. Das Haus bestand nur aus zwei Zimmern, und beide waren vom Fußboden bis zur Decke mit Bildern gefüllt. Im einen Zimmer hingen die Bilder, die er malte, weil er sie malen mußte, und im anderen hingen die Bilder, die er malte, um sie verkaufen zu können. Beide Arten waren das, was man mit Recht abstrakt nennen kann. In keinem Fall konnte man erkennen, was sie vorstellen sollten, und sie sahen alle ziemlich gleich aus. Der einzige Unterschied, den ich zwischen der kommerziellen Malerei und der anderen entdecken konnte, war der, daß erstere mit Titeln versehen waren wie «Nackte Frau», «Schäferspiele» und «Lust des Fleisches», während die anderen namenlos waren.

Der Maler nahm sich zwei Flaschen und führte mich zu den Bildern, die er aus eigenem Antrieb malte, und fragte, was ich davon hielte. Ich sagte, sie seien ausgezeichnet, und das schien ihm zu gefallen. Er fragte, welches mir am besten gefalle, und ich zeigte aufs Geratewohl auf irgendeines. Er war entzückt und sagte, ich hätte viel Kunstverstand. Dieses Bild sei zweifellos sein bestes, aber das könnten nur wirkliche Kunstkenner erkennen, und weil ich einer dieser Kunstkenner sei, könne ich das Bild für nur 100 Kronen bekommen.

Ich schlug das Angebot aus mit der Begründung, daß ich kein Geld hätte, worauf er auf 75 Kronen herunterging, ein Angebot, das ich ebenfalls zurückwies. Als wir ein paar Stunden später das ganze Bier ausgetrunken hatten und ich mich von ihm verabschiedete, war der Preis auf 50 Kronen heruntergegangen.

Als ich zu meinem Haus zurückkam, nahm ich mein Fahrrad und fuhr zum Kaufmann, um mich wieder mit Bier zu verproviantieren. Ich nahm einen Umweg, um nicht am Haus der Eiskonditoreidame vorbeifahren zu müssen, aber leider erwies sich, daß auch sie beim Kaufmann war. Daher mußte ich eine Stunde damit zubringen, eine Erzählung von ihrer Tochter anzuhören, die aus irgendeinem Grunde auf irgendeiner anderen Insel wohnte. Als ich endlich wieder in meinem Haus war, hatte ich nur noch Zeit, ein wenig zu Abend zu essen und mich umzuziehen, weil ich zu Sörensens mußte, um Bridge zu spielen.

Sörensens Tochter, die mehrere meiner Bücher gelesen hatte, war mit von der Bridgepartie. Sie sah aus, als hieße sie Gunhild, aber es stellte sich heraus, daß sie Karin hieß. Sie war nicht der Typ, in den man sich auf den ersten Blick verliebt.

Wir losten aus, wer mit wem spielte, und ich erhielt Sörensen als Partner und blamierte mich schon beim ersten Spiel.

Beim nächsten Spiel glaubte ich, nichts falsch gemacht zu haben, aber Sörensen belehrte mich eines Besseren.

Mein Ausspielen und Abwerfen sei einfach grauenhaft gedankenlos gewesen, um nicht zu sagen, idiotisch. Ob ich denn nicht wisse, daß man über den Starken zum Schwachen hin spielen müsse?

Das wußte ich nicht, und ich wußte auch nicht, wer der Starke und wer der Schwache war, aber das traute ich mich nicht zu sagen. Ich entschuldigte mich damit, daß ich ziemlich müde sei. Das liege wohl an der Luft hier.

Im nächsten Spiel meldete Sörensen gleich zu Anfang Herz. Ich hatte ein paar Karo und meldete deshalb Karo, woraufhin Sörensen plötzlich zwei Pik meldete. Ich hatte keine Ahnung, was das bedeutete, wagte aber nicht zu passen, weshalb ich drei Karo meldete. Daraufhin meldete Sörensen plötzlich vier Herz, und ich traute mich nicht mehr mitzuhalten, sondern paßte.

Als ich meine Karten auf den Tisch legte, rang Sörensen verzweifelt die Hände und fragte, was ich mir eigentlich einbilde. Es seien ja gar keine vier Herz da. Ich wandte ein, daß er es doch gewesen war, der vier Herz gemeldet habe und nicht ich. Aber er antwortete böse, daß er durch meine irreführenden Meldungen gelockt worden sei. Ob ich denn überhaupt meine Figurenstiche gezählt hätte.

Das hatte ich nicht, schon aus dem Grunde, weil ich nicht wußte, was ein Figurenstich überhaupt war. Sörensen schüttelte verbittert den Kopf und begann sein Spiel, das er natürlich haushoch verlor. Ich begann ein wenig nervös zu werden.

Nun erhielt ich Frau Sörensen als Mitspielerin. Aber da machte ich auch keine gute Figur, doch sie begnügte sich damit, gekränkt auszusehen, und schimpfte nicht mit mir. Dafür schimpfte ihr Mann um so mehr, was ich nicht verstand, denn er hatte ja den Vorteil von meinen Fehlern.

Auch diesen Robber verlor ich natürlich und den letzten ebenfalls, den ich mit der Tochter, die Realschulabschluß hatte, zusammen spielte. Ich war also am Schluß der Verlierer, aber da wir nur um ein Zwanzigstel Öre gespielt hatten, war der Verlust zu ertragen.

Nach dem Spiel gab es Kaffee, und während des Essens redete Sörensen nur von Bridge und belehrte mich, wann man melden müsse und wann man nicht melden müsse. Als ich nach Hause ging, war ich sehr müde.

Der nächste Morgen verlief friedlich. Ich trank ungestört meinen Morgenkaffee und holte dann meine Schreibmaschine hervor, in der Hoffnung, nun endlich zum Arbeiten zu kommen. Es war etwas schwierig; ich war ja in den letzten Tagen so oft abgelenkt worden. Aber endlich schien es mir zu glücken, und ich wollte mich gerade anschicken, das erste Wort zu schreiben, als plötzlich ein Hund durch das offene Fenster gereicht wurde und eine Damenstimme entzückt verkündete, daß ich nun nicht mehr zu suchen brauchte, denn nun hätte sie ihn gefunden.

Ich begriff, daß der Hund Pjusk sein mußte und sagte, ich sei überglücklich, daß ihr das gelungen sei. Die Eigentümerin fragte, ob ich Pjusk nicht süß fände, und ich sagte, ich fände ihn ungeheuer süß, und kraulte ihn vorsichtig an der Schnauze, um zu zeigen, daß ich es auch so meinte.

Die Dame blieb lange stehen und erzählte von Pjusks Verschwinden und Wiederkommen, und erst als ich dem Hund ein Stück Wurst gegeben hatte, verschwand sie mit ihm.

Ich war bei dem Versuch, meine Gedanken wieder zu sammeln, nicht sehr weit gekommen, als meine Tür plötzlich aufgestoßen wurde und eine Dame mit einem Vogel im Arm ohne weiteres hereinkam. Sie erzählte mir, daß dies ein Holztaubenküken sei, das sie auf dem Weg gefunden habe. Es sei zweifellos aus dem Nest geschmissen worden, aber viel zu klein, um allein überleben zu können, weshalb sie gedacht habe, daß es bis auf weiteres bei mir wohnen könne.

Ich fragte, warum sie das Holztaubenküken nicht selber nehme, aber sie hatte eine Katze, und da ging das nicht. Dann setzte sie den Vogel ohne weitere Umstände auf den Fußboden und verschwand, ohne mir die geringste Chance zu geben, eine andere Lösung für das Problem zu finden.

Der Vogel sah nicht so aus, als ob ihm etwas fehlte, aber er wirkte ziemlich nervös. Er hopste auf dem Fußboden herum und schlug verwirrt mit den Flügeln. Ich dachte, er könnte vielleicht Hunger haben, und probierte, ihm etwas von dem verlorenen Schinken zu geben, aber den wollte er nicht, wofür ich volles Verständnis hatte. Aber er wollte auch kein Brot. So überließ ich ihn sich selbst, und etwas später kroch er unter mein Bett, wo er offenbar einschlief.

Auch wenn der Vogel nun zur Ruhe gekommen war, bedeutete das noch lange nicht, daß auch ich meinen Frieden hatte. Es hatte sich offenbar schnell rumgesprochen, daß bei mir ein junger Vogel wohnte, weshalb alle Kinder der Kolonie zu meinem Haus wallfahrteten, um ihn zu sehen. Wenn sie lange genug dagewesen waren, kamen ihre Mütter, um zu sehen, wo die Kinder geblieben waren, und blieben selber sitzen und quatschten. So ging das bis zum Abend, und ich konnte natürlich an diesem Tag nicht eine einzige Zeile schreiben.

Als ich ins Bett ging, saß der Vogel immer noch darunter, aber sobald ich das Licht ausschaltete, erwachte er und begann in der Stube herumzuhüpfen. Dies setzte er bis gegen Morgen fort.

Als ich endlich spät am Vormittag aufstand, erwies es sich, daß der Vogel tot war. Ich beeilte mich, ihn zu begraben, und verbrachte den Rest des Tages damit, auf die zahlreichen Nachfragen zu antworten, daß er fortgeflogen sei.

Gegen Mittag tauchte der Maler mit dem Bild auf, dessen Kauf ich bereits abgeschlagen hatte. Er könne den Gedanken nicht ertragen, daß ich nicht Besitzer des Bildes werde, das mir so gut gefalle, klagte er, weshalb er beschlossen habe, es mir für 25 Kronen zu überlassen. Um endlich meine Ruhe zu haben, kaufte ich das Bild, und er zog entzückt mit dem Geld ab.

Eine Viertelstunde später war er wieder da und hatte für das ganze Geld Bier gekauft. Er war der Meinung, wir sollten ein Fest mit gemeinsamem Kostenbeitrag feiern, bei dem ich das Mittagessen und er das Bier beisteure.

Ich machte meine letzte Büchse verlorenen Schinken auf, und den teilten wir uns und verbrachten dann den Nachmittag mit Biertrinken. Als das Bier ausgetrunken war, tauchte plötzlich die Eiskonditoreidame auf. Sie war sehr aufgeregt, weil sie soeben von ihrem Cousin die Nachricht bekommen hatte, daß seine Frau ihm einen wohlgestalteten Sohn geschenkt habe.

Der Maler verstand die Aufregung nicht, und deshalb mußte er sich die ganze Geschichte von der Frau des Cousins mit einer gesenkten Gebärmutter und vielen Fehlgeburten anhören, die ich schon beim Kaufmann über mich hatte ergehen lassen. Er hörte aufmerksam zu.

«Wissen Sie was», sagte er, als die Eiskonditoreidame mit ihrer Erzählung fertig war, «die Frau Ihres Vetters war sehr tapfer und hat sich ein Geschenk verdient. Ich werde ihr das hier geben. Es ist mehrere hundert Kronen wert, aber Sie bekommen es gratis, wenn Sie mir nur die zwanzig Kronen erstatten, die mich Leinwand und Rahmen gekostet haben.»

Er reichte der Eiskonditoreidame das Bild, das er mir vorher verkauft hatte, und sie nahm es geniert an und sagte, das könne sie wirklich nicht annehmen.

Der Maler sagte, wenn er es sage, könne sie es ruhig annehmen. Dann gab sie ihm die zwanzig Kronen und verschwand glücklich mit meinem Bild, worauf sich der Maler mein Fahrrad lieh und zum Kaufmann fuhr, um noch mehr Bier zu holen.

Am nächsten Morgen erwachte ich mit fürchterlichen Kopfschmerzen dadurch, daß die Hundedame wieder ihren Kopf zu meinem Fenster hereinstreckte und mir mit tränenerstickter Stimme erzählte, daß Pjusk nun wieder weggelaufen sei und ob ich ihn vielleicht gesehen habe.

Da reichte es mir. Ich stand auf und schloß mein Fenster, zog mich an und packte meinen Kram zusammen. Ohne mich von irgend jemand zu verabschieden, fuhr ich zum Fährmann auf der anderen Seite, der glücklicherweise nicht krank war und mich zum Festland übersetzen konnte, wo ich zu meiner Frau, meinen drei Kindern und zwölf Hunden zurückfuhr.

Ich gab es völlig auf, mein Meisterwerk zu vollenden. Statt dessen schrieb ich ein humoristisches Buch

Wer ein Bild für 25 Kronen kauft …

... das 100 Kronen kosten sollte, der hat 75 Kronen gespart. Wer sich jedoch zum Kauf einer für ihn nutzlosen Ware überreden läßt, der hat sein Geld verschwendet.

Sparen soll Gewinn bringen – Pfandbriefe und Kommunalobligationen geben ein gutes Bild davon.

über einen Schriftsteller, der in einer Sommerhauskolonie Ruhe zum Arbeiten sucht, aber die ganze Zeit von den übrigen Einwohnern gestört wird. Das Buch wurde von der Kritik nicht besonders gut aufgenommen. Ein Kritiker schrieb, die Hauptperson sei so schwachsinnig, daß es sich nur um ein Selbstporträt handeln könne.

Später wurde das Buch in Deutschland verlegt, wo es sehr gut ankam. Man kann den Deutschen viel Schlechtes nachsagen, aber Sinn für Humor haben sie.

Wie ich Dänemark kennenlernte

Vor langer Zeit machte ich eine Studienreise in ein Land, das Dänemark heißt, und es ist ein sehr interessantes Land, von dem es einiges zu erzählen gibt. Ich kam mit einer internationalen Organisation nach Dänemark, die jungen Menschen Stipendien gibt, damit sie andere Länder kennenlernen und damit es niemals mehr einen Krieg gibt.

Dänemark ist ein kleines Land im nördlichen Europa, und seine Hauptstadt heißt Kopenhagen.

Es war mir nicht möglich, in Kopenhagen ein Hotelzimmer zu kriegen, weil es dort nicht besonders viele Hotels gibt, aber dafür bekam ich ein sehr schönes Privatquartier, und das war mir viel lieber, denn so konnte ich die Bevölkerung viel besser kennenlernen, und dazu war ich ja nach Dänemark gekommen.

Die Leute, bei denen ich wohnte, hießen Hansen. Fast alle Dänen heißen Hansen. Es kostet viele Kronen, diesen Namen loszuwerden, und das können sich nicht viele leisten, weshalb die meisten weiterhin Hansen heißen. Ich wurde mit Herrn und Frau Hansen gut Freund und am Ende fast ein Familienmitglied.

Hansen war Straßenbahnschaffner. Er lehrte mich viel über Dänemark, und es ist sein Verdienst, daß sich die Reise gelohnt hat und ich jetzt soviel von Dänemark weiß. Dänemark war nicht immer so klein, wie es jetzt ist, sondern viel größer und hat über andere Länder geherrscht. Seit eh und je wurde Dänemark von Königen regiert, die, wenn sie nüchtern waren, Krieg gegen irgendwelche Erbfeinde führten und ihnen das Land wegnahmen. Aber die Erbfeinde waren sehr hinterlistig, denn später holten sie sich das Verlorene zurück und manchmal noch etwas dazu. Und deshalb wurde Dänemark immer kleiner und kleiner, aber jetzt hat das aufgehört.

Dänemark ist immer noch ein Königreich, und der Oberste im Land ist deshalb der König bzw. die Königin. Alle Dänen lieben die Königin, weil sie so nett ist, aber sie hat nichts mehr zu bestimmen, weil das Land nun eine Demokratie ist, und sie darf nur noch das tun, was ihr die Minister sagen. Sie muß alle Gesetze unterschreiben, aber das hat nichts zu bedeuten, und sie darf getrost alles unterschreiben, auch wenn sie nicht weiß, worum es sich handelt. Sonst wird sie am häufigsten verwendet, wenn eine Ausstellung zu eröffnen ist oder wenn eine Stadt ein Jubiläum hat.

Dänemark ist also ein sehr demokratisches Land. Ich glaube, es ist sogar eines der demokratischsten Länder der Welt, und das will schon was heißen. In Dänemark haben alle Menschen volle Freiheit und dürfen denken und sagen, was sie wollen, aber Hansen hat gesagt, das ließe man lieber bleiben.

Wenn ich nichts anderes zu tun hatte, ging ich oft ins Kino und sah mir dänische Filme an, denn daraus konnte ich was lernen. Die Dänen machen zwei Sorten von Filmen. Die eine Sorte handelt stets von einem guten Mann, der einen Bauernhof hat und kurz davor ist, ruiniert zu werden, denn da ist ein böser Mann auf einem anderen Bauernhof, der versucht, ihm den Hof wegzunehmen, auch wenn er schon seinem Urgroßvater gehört hat. Und der gute Bauernhofbesitzer hat einen Sohn, und der verliebt sich in ein Mädchen, das die Tochter eines Gutsbesitzers ist, aber er kann sie nicht heiraten, weil er so arm ist. Dann passiert noch eine ganze Menge, aber zuletzt kommt heraus, daß der böse Bauernhofbesitzer in Wahrheit ein Betrüger ist, er kriegt seine Strafe, der gute Bauernhofbesitzer wird reich, und sein Sohn heiratet das Mädchen, das er liebt, aber nicht heiraten konnte, als er arm war. Die andere Sorte Film ist ein belehrender Film, der zeigt, daß man zu betrunken wird, wenn man zuviel trinkt, oder Kinder oder Geschlechtskrankheiten kriegt, wenn man zu unvorsichtig ist. Und diese Art von Filmen werden von der Steuer befreit, denn die Behörden sehen es gerne, wenn das Volk etwas lernt, damit es nicht betrunken wird oder Kinder kriegt, wenn es nicht verheiratet ist. Wenn es sich um einen belehrenden Film handelt, dann schreiben die Zeitungen, daß es ein guter Film ist, und dann gehen eine Masse Menschen ihn ansehen. Wenn es aber einer von den anderen Filmen ist, schreiben die Zeitungen, daß es ein schlechter Film ist, und dann gehen noch mehr hin. Auch wenn Dänemark keine Zensur hat, gibt es trotzdem eine Kommission, die alle Filme zuerst daraufhin anschaut, ob etwas drin ist, was gewöhnliche Menschen nicht verkraften können, und die Filmschaffenden sorgen dafür, daß nichts drin ist, was gewöhnliche Menschen nicht verkraften können. Aber manchmal sind sie nicht vorsichtig genug gewesen, und dann wird der Film für Kinder verboten, was nicht so schlimm ist, weil dann alle Erwachsenen in den Film gehen, um zu sehen, warum er für Kinder verboten worden ist.

Die Dänen hören gerne Radio. Hansen ließ es immer spielen, wenn er zu Hause war. Er schaltete es gleich am Morgen ein, wenn er aufgestanden war, und dann hörte er zuerst einen Mann, der Gymnastikunterricht gab, aber Hansen machte keine Morgengymnastik, denn das macht kein Däne, aber sie hören dem Mann gerne zu, wenn sie sich rasieren. Wenn die Gymnastik zu Ende war, wurden einige Schallplatten gespielt, und dann kam eine Dame und erzählte, wie man Mohrrüben kocht und alles so was, und danach kam ein Mann und verlas einige Neuigkeiten, die schon am Tag vorher in den Abendzeitungen gestanden hatten. Am Abend, wenn Hansen nach Hause kam, schaltete er das Radio wieder an, und dann kam der Mann wieder und las die Nachrichten vor, die in den Morgenzeitungen gestanden hatten, und danach gab es einen Vortrag oder ein Hörspiel oder eine Übertragung des Jahreskongresses der Kaninchenzüchter, und Hansen hörte alles, während wir dasaßen und uns unterhielten. So hören alle Dänen Radio, und darum sind sie auch alle so klug, denn selbst wenn sie nicht besonders viel begreifen, wenn sie so neben dem Radio sitzen und miteinander schwatzen, so schnappen sie doch hie und da ein Wort auf. Mit der Zeit kommt da ganz schön was zusammen, und zum Schluß wissen sie eine ganze Menge.

Im Zweiten Weltkrieg war Dänemark von den Deutschen besetzt, und die ganze Bevölkerung gehörte der Widerstandsbewegung an. Die war so tapfer, daß dadurch die Deutschen den Krieg verloren haben. Aber einige Politiker waren nicht in der Widerstandsbewegung. Sie taten so, als ob sie die Deutschen gut leiden könnten, und arbeiteten mit ihnen zusammen. Als der Krieg vorbei war, erzählten diese Politiker dann, daß sie die Deutschen überhaupt nicht hätten leiden können und daß sie das nur so gesagt hätten, um sie in die Irre zu führen. Die dänische Bevölkerung wollte jedoch reinen Tisch machen und wirklich wissen, wie das mit dem Widerstand gewesen war. Deshalb wurde eine Kommission von Politikern gebildet, die nun sich selbst untersuchte. Nach vielen Jahren und vielen Sitzungen fand sie aber nur heraus, daß es damals eine Kanone gegeben hatte, die nicht schießen konnte, als die Deutschen Dänemark besetzten, weil sie nicht geladen war.

Dänemarks Wirtschaft ging es nach dem Krieg nicht so gut, und deshalb gab es etwas, das Direktorat für Versorgung mit Waren hieß und dafür sorgen sollte, daß die ausländischen Valuten, die das Land einnahm, für etwas Vernünftiges verbraucht würden, das dem Wiederaufbau diente. Deshalb konnte man eine Zeitlang in Dänemark im Winter keine Bananen kriegen, weil Bananen schädlich für den Wiederaufbau im Winter seien, aber man konnte ohne weiteres Apfelsinen kriegen, denn die sind nicht so schädlich für den Wiederaufbau. Man konnte sich kein Auto ohne Genehmigung der Behörden kaufen, und die kriegte man nicht, wenn man nicht Arzt oder Hebamme war, und das waren nicht viele Dänen. Eine Zeitlang war es dann so, daß ein Däne mit einem Onkel in Amerika, der ihm so viele Dollars schenkte, wie ein Auto kostete, sich eines kaufen durfte, wenn er den Behörden einen Brief vom amerikanischen Onkel zeigte. Dann aber entdeckte die Polizei, daß es gar nicht so viele Onkel geben konnte, wie es Briefe gab. Einige meinten, die Behörden hätten sich das eigentlich denken können und die vielen, vielen Onkel in Amerika hätten ihnen doch merkwürdig vorkommen müssen, aber die Behörden sagten, sie hätten mit eigenen Augen gesehen, daß Onkel unter den Briefen stand, weshalb sie nicht wissen konnten, daß es keine richtigen Onkel gewesen waren.

Dabei gibt es auch einige Dänen, die Onkel in Amerika haben, denn in früheren Zeiten wanderten viele Dänen nach Amerika aus, und die sind nicht reich, und manchmal kommen sie nach Hause, um nach ihrem alten Heimatland zu gucken. Dann fahren sie mit Dollargrinsen an die ärmlichen Orte, wo sie geboren wurden, und zeigen auf den Eisladen, wo sie mal Laufbursche gewesen waren. Meist werden sie von der Lokalzeitung interviewt und sagen, daß sie nur reich geworden sind, weil sie sich vor keiner Arbeit gescheut haben, und geben gute Ratschläge. Und die Dänen, die das sonst gar nicht so besonders gern haben, sind überhaupt nicht beleidigt, weil sie großen Respekt vor den Leuten haben, die in Dänemark arm waren und in Amerika reich geworden sind, und sie sind überzeugt davon, daß solche Leute von allem eine Ahnung haben.

Wenn die Dänen freihaben, vergeuden sie nicht die Zeit, sondern verwenden sie für etwas Vernünftiges, meistens für das Tippen. Wenn sie dabei gewinnen, müssen sie für den Gewinn keine Steuern bezahlen, sondern nur eine kleine Abgabe, denn die Behörden denken, es sei unfair, für Geld, das man mit Richtigraten gewonnen hat, genausoviel Steuern zu zahlen wie für Geld, das man mit Arbeiten verdient hat. Die Zeitungen füllen jeden Tag viele Seiten mit Tips zum Tippen, die sie Kulturseiten nennen, und das alles nimmt so viel Platz weg, daß da kaum noch Platz für die Comic strips bleibt.

Die Dänen lieben die Natur. Und wenn sie in einer Stadt wohnen, wo sie nicht soviel Luft und Sonne haben, begeben sie sich sonntags in den Wald. An einem der letzten Sonntage, die ich in Dänemark verbrachte, luden mich Hansens ein, mit ihnen zusammen in den Wald zu gehen. Die Dänen gehen nicht gerne alleine in die Natur raus, denn da fühlen sie sich allein, deshalb waren auch Frau Hansens Schwester und Schwager mit eingeladen und auch ein Freund von Frau Hansens Schwager, denn der hatte eine Ziehharmonika, die er in den Wald mitnehmen konnte. Die Dänen gehen gern in den Wald, wenn eine Ziehharmonika dabei ist, weil sie so musikalisch sind. Wir fuhren mit dem Zug zum Wald raus, und als wir da waren, gingen wir einen breiten Weg entlang, auf dem ein großes Gedrängel von Menschen war, die ebenfalls hinausgefahren waren, um die Natur zu genießen. Dann kamen wir zu einem Gartenrestaurant, wo auch alles voll von Menschen war. Aber wir fanden einen freien Tisch, und Frau Hansen packte die Stullen aus, die sie zu Hause geschmiert hatte. Herr Hansen bestellte Bier und Schnaps beim Kellner, und als wir den ersten Schnaps getrunken hatten, holte er eine Schnapsflasche hervor, die er unter dem Tisch gehalten hatte, und füllte die Gläser, als der Kellner ihm den Rücken zuwandte, denn wenn er es gesehen hätte, hätten wir Steuern bezahlen müssen, sagte Hansen, und der Schnaps sei schon teuer genug. Deshalb bringen die Dänen immer Schnaps von zu Hause mit und verstecken ihn unter dem Tisch, damit sie keine Steuern bezahlen müssen. Mir erschien das sehr vernünftig. Aber ich verstehe nicht, wie der Staat dann Geld in seine Kasse kriegt, denn immer wenn eine neue Steuer ausgedacht wird, finden die Dänen einen Weg, wie sie um die Steuer herumkommen, und das ist ja auch nicht sehr gesetzlich. Aber Hansen sagte, wenn die so blöde Gesetze machten, dann wäre es auch erlaubt, sie zu übertreten. Ansonsten aber seien die Dänen gesetzestreu und machten fast nie etwas falsch, und die Polizisten hätten fast nichts zu tun und müßten sich manchmal gegenseitig einsperren, damit sie nicht entlassen werden.

Als wir mit dem Essen fertig waren, kriegten wir von dem Schnaps gute Laune, und nun nahm Hansens Schwager sein Akkordeon und begann zu spielen, und alle anderen Leute an den anderen Tischen freuten sich darüber und sangen mit, denn die Dänen lieben den Gesang, wenn sie Schnaps getrunken haben und draußen sind, um die Natur zu genießen.

Als wir des Singens müde waren, gingen wir zu einer kleinen Lichtung gleich neben dem Restaurant und legten uns ins Gras. Ich wollte gern mehr von dem Wald sehen und fragte Hansen, ob wir nicht ein Stück weiter hineingehen wollten, aber Hansen sagte, am anderen Ende des Waldes wäre es schrecklich öde, denn da käme nie ein Mensch hin. Und darum blieben wir auf der Lichtung, die dicht voller Menschen war, und die Damen zogen die Schuhe aus, und die Männer legten die Jacketts ab und saßen in Hemdsärmeln und mit Hosenträgern da, und etwas später schliefen wir alle ein, und als wir aufgewacht waren, gingen wir wieder ins Restaurant und tranken Kaffee und Likör. Danach fuhren wir mit dem Zug nach Hause, und während der ganzen Fahrt spielte Frau Hansens Schwager auf dem Akkordeon, und alle Leute freuten sich darüber außer einigen, die ihn baten aufzuhören, aber die waren sicherlich bloß sauer, weil sie nicht draußen gewesen waren und die Natur genossen hatten wie wir alle, sagte Hansen.

Ich bin sehr froh darüber, daß ich in Dänemark gewesen bin und die Dänen kennengelernt habe, so daß es jetzt eine internationale Verständigung und nie mehr Krieg gibt, aber ich hatte leider den Eindruck, daß sich die Dänen nicht sehr für andere Nationen interessieren. Die Russen können sie nicht besonders leiden, weil sie nicht so demokratisch sind wie die Dänen. Aus den Amerikanern machen sie sich auch nicht viel, weil die so viele Dollars haben und deshalb alles bestimmen wollen. Die Deutschen können sie schon gar nicht leiden, weil die Nazis waren. Die Engländer können sie nicht leiden, weil die nicht genug für die dänische Butter bezahlen wollen, die doch die beste in der Welt ist, und gegen die Schweden haben sie was, weil die Kaffee ohne Lebensmittelkarten bekamen, als die Dänen das noch nicht hatten, und weil sie manchmal gegen die Dänen im Fußball gewinnen. Wenn schwedische Touristen nach Kopenhagen kommen, werden sie in einen Hausflur gezogen und man stiehlt ihnen das Geld, manchmal auch ihre Hosen, und dann grinsen alle Dänen und denken, das geschieht den Schweden ganz recht. Deshalb weiß ich nicht so genau, wen die Dänen überhaupt leiden können. Sich selber können sie jedenfalls gut leiden, und sie sind sehr national eingestellt und haben zwei Nationalhymnen, eine, die sie an Werktagen spielen, und eine, die sie an Sonntagen spielen, aber das reicht natürlich nicht aus, um Frieden und internationale Verständigung zu schaffen. Ich glaube aber auch nicht, daß die Dänen einen Krieg anfangen wollen, weil sie sehr friedliebend sind und wissen, daß dann der Kaffee wieder rationiert wird. Und deshalb möchten sie am liebsten, daß es nie wieder Krieg gibt.

Inhalt